축구蹴球에서
경영을 읽는다

축구蹴球에서 경영을 읽는다

발행일   2015년 11월 6일

지은이   박 세 연
펴낸이   손 형 국
펴낸곳   (주)북랩
편집인   선일영   편집 서대종, 이소현, 김아름, 권유선, 김성신
디자인   이현수, 신혜림, 윤미리내, 임혜수   제작 박기성, 황동현, 구성우
마케팅   김회란, 박진관
출판등록 2004. 12. 1(제2012-000051호)
주소   서울시 금천구 가산디지털 1로 168, 우림라이온스밸리 B동 B113, 114호
홈페이지 www.book.co.kr
전화번호 (02)2026-5777   팩스 (02)2026-5747

ISBN   979-11-5585-777-9 03320(종이책)   979-11-5585-778-6 05320(전자책)

이 도서의 국립중앙도서관 출판예정도서목록(CIP)은 서지정보유통지원시스템 홈페이지(http://seoji.nl.go.kr)와
국가자료공동목록시스템(http://www.nl.go.kr/kolisnet)에서 이용하실 수 있습니다.
(CIP제어번호 : CIP2015029191)

성공한 사람들은 예외없이 기개가 남다르다고 합니다.
어려움에도 꺾이지 않았던 당신의 의기를 책에 담아보지 않으시렵니까?
책으로 펴내고 싶은 원고를 메일(book@book.co.kr)로 보내주세요.
성공출판의 파트너 북랩이 함께하겠습니다.

모기업에 의존하는 온실 속 '화초경영'에서
변화무쌍한 환경에 적응하는 '야생화경영'을 준비하다

축구蹴球에서
경영을 읽는다

박세연 지음

새로운 업業에 대한 이해와 조직 리빌딩과정
프로축구단 운영에 적용된 실전 경영학

모든 것에 대한 관점을 원점에서 재조명하라
CEO가 변하고 프런트가 변하고 선수단이 변해야 산다!

북랩 book Lab

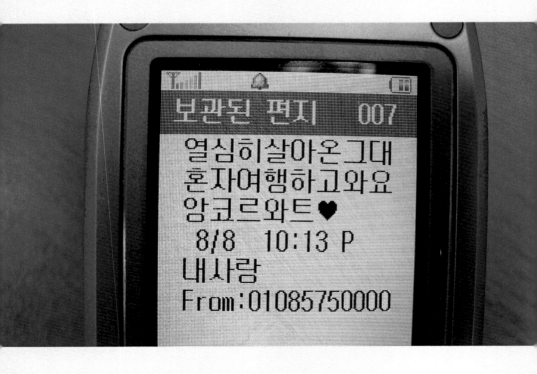

헌정사

2005년 8월에 앙코르 와트 여행을
혼자 갔다 오라는 아내의 메시지.
"열심히 살아온 그대"는
항상 나의 가슴을 찡하게 한다.

다시 태어나도 그녀를 선택할 수밖에 없도록
30여 년 동안 나의 부족한 부분을 채워준
아내 '순득'에게 이 책을 드립니다.

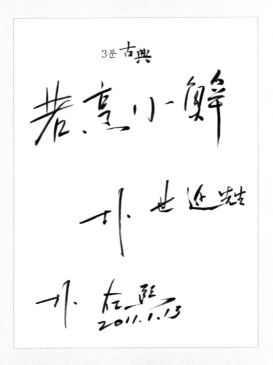

3분 古典

若亨小鮮

朴世逸

朴在熙
2011.1.13

박재희 교수는 자신의 책 『3분 고전』에 "약팽소선"이라는 말을 써주
었다. 조그만 생선을 구울 때는 이리저리 뒤집고 불을 세게 하여 생
선이 부서지고 엉망이 되게 하는 것이 아니라 스스로 익을 수 있도
록 여건을 만들어 주는 것이 중요하다는 뜻으로, 큰 나라를 다스리
는 사람은 이와 같이 조직을 관리해야 한다는 뜻이다.

축구蹴球에서 경영을 읽는다

책을 시작하면서

프로축구단 대표이사로 내정되었다는 연락이 왔다. 승주 컨트리클럽의 구조조정을 끝마치고 겨우 한숨 돌릴 수 있겠다고 생각했는데, 새로운 자리로 인사이동이 된 것이었다.

나는 프로스포츠구단의 대표이사가 된다는 생각을 해 본 적이 없다. 프로스포츠구단의 CEO 자리는 스포츠 분야의 특수성으로 인하여 그 분야에 상당한 조예가 있거나 최소한 그와 관련된 일을 해 본 분들이 맡을 자리라고 늘 생각해 왔다.

주변에서는 광고회사, 골프장 운영, 서비스 회사 그리고 축구단 대표이사까지 여러 자리를 섭렵하는 행운아라고 말하는 분도 간혹 있었지만, 정말 한 번씩 자리를 옮길 때마다 보임받은 회사의 상황이 어려워서 상당 기간 고단한 삶을 살아왔던 기억에 심신이 피곤했다. 8월 중순에 갑자기 난 프로축구단 CEO 자리에 맛있는 잔칫상이 나를 위해 차려져 있을 리는 만무했다.

마음이 다시 급해지기 시작했다. 일전에 박재희 교수가 내가 업무를 추진하는 것을 보고서는, 너무 조직을 급하게 몰아가지 말고 서서히 관망도 해가면서 일을 하라는 뜻으로 '약팽소선若烹小鮮'이라는 말을 해 준 적이 있다. 그러나 이번에도 그 말을 지키지 못하게 되었다.

부임 다음 날부터 새로운 경영 패러다임을 설파하면서 조직 리빌딩작업을 추진했다. 모든 관점을 원점에서 재조명해 보았다. 이 일은 왜 하는지, 이 일을 하지 않으면 발생하는 문제점은 무엇인지, 이 일의 추진방법이 최선의 방안인지, 타 구단은 어떻게 하고 있는지, 우리가 달리하면 문제가 있는지 등등 직원들과 끊임없이 'Why?'에 대한 대답을 구하기 위해 수많은 토론을 했다. 경영자는 패스를 결정하는 축구선수와 같다. 패스가 나가는 방향이나 동료 선택은 공을 가진 선수가 결정한다. 공을 가진 경영자가 어떤 패스(의사결정, decision making)를 하느냐에 따라 공격전개(진행과정, process)가 달라지고 그에 따른 결과(성과, output)도 달라진다.

이 책은 이러한 과정에서 나온 소중한 결과물들, 축구경기를 관람하면서 느낀 점이나 축구라는 스포츠산업에 종사하시는 분들이 전해 준 지혜로운 이야기들을 경영이라는 실사구시 관점에서 정리해 본 것이다. 대부분 축구와 관련된 내용이지만 축구 그 자체를 다루기보다는 어떠한 생각을 가지고 경영했느냐는 관점에서 이야기를 전개했다.

축구蹴球에서 경영을 읽는다

축구와 관련된 글을 쓰다 보니 글 전개방식을 축구경기 진행 방식과 유사하게 전개했다. 축구경기는 몸풀기 운동으로 시작하여 마지막에는 승부차기까지 간다.

워밍업, 제1장 새로운 비즈니스에 들어서다.
전반전, 제2장 리빌딩전략을 추진하다.
후반전, 제3장 운영상 문제점을 지속적으로 개선하다.
연장전, 제4장 축구에 대한 이해를 추구하다.
승부차기, 제5장 축구에서 경영을 읽는다.

다섯 가지로 크게 제목을 분류했지만, 실제 내용은 대부분 축구단 운영에 있어 변화와 혁신에 관한 이야기로 모든 장의 이야기가 연결되어 있다고 보면 무방하니 애써 구분하지 말아 주시길 바란다. 아울러 중간중간 들어있는 그림 등은 설명에 도움이 될 것으로 생각하여 개별적으로 모아놓았던 자료들을 편집하거나 재구성한 것이다.

좁은 식견으로 짧은 기간에 작성한 글이라 전문가가 보았을 때는 지식적으로 부족할 수도 있고, 장님이 코끼리를 만지듯 전체가 아닌 부분적인 의견일 수도 있지만, 대승적인 차원에서 이해해 주시기를 바란다. 또한 이야기가 전남드래곤즈 중심으로 전개되다 보니 전남의 사례나 경기내용이 많이 거론되는 점과 실제 상황을 설명하기 위해 사전 승인 없이 상대 팀을 거론한 점에 대해서 이 자리를 빌려 양해를 구하고자 한다.

끝으로 이 책을 쓰기까지 그동안 함께 동고동락하면서 경영의 혜안과 통찰의 지혜를 날라다 준 전남드래곤즈 임직원, 감독 및 코치진과 선수들에게 감사의 마음을 전한다. 아울러 대한민국 축구와 K리그 발전을 위해 공사다망하신 가운데도 시간을 내어 애를 쓰고 계시는 대한축구협회 정몽규 회장님과 한국프로축구연맹 권오갑 총재님, 그리고 전남축구협회 서정복 회장님에게도 감사인사를 올린다.

2015년 10월 광양축구전용구장에서

박세연

CONTENT

제5장
축구에서
경영을 읽는다

워밍업
Warming-up

제1장

새로운 비즈니스에 들어서다

새로운 비즈니스 분야,
처음 근무하는 낯선 지역,
만난 적이 없는 이해관계자들.
종전의 익숙하던 비즈니스 환경 대비
성격도 다르고 상황도 달라
보다 적극적인 자세가 필요하다.
임원이 된 '제조일자'보다
나에게 역할이 부여되는
'유통기한'이 중요하기에
다시 한 번 마음을 가다듬는다.

001

축구단 CEO로
업業을 전환하다

담쟁이

저것은 벽
어쩔 수 없는 벽이라고 우리가 느낄 때
그때
담쟁이는 말없이 그 벽을 오른다
물 한 방울 없고 씨앗 한 톨 살아남을 수 없는
저것은 절망의 벽이라고 말할 때
담쟁이는 서두르지 않고 앞으로 나아간다
한 뼘이라도 꼭 여럿이 함께 손을 잡고 올라간다
푸르게 절망을 다 덮을 때까지
바로 그 절망을 잡고 놓치 않는다
저것은 넘을 수 없는 벽이라고 고개를 떨구고 있을 때
담쟁이 잎 하나는 담쟁이 잎 수천 개를 이끌고
결국 그 벽을 넘는다

- 도종환 -

2013년 8월 초순경이었다. 승주 컨트리클럽 흑자전환을 위한 구조조정을 거의 완료한 시점에 포스코그룹 총괄사장으로부터 전화가 왔다.

"전남드래곤즈 프로축구단을 맡아 주셔야겠습니다. 자주 회사를 옮기도록 하여 미안한 생각도 듭니다만, 전임 대표이사의 갑작스러운 유고사유로 인해 후임을 결정했습니다. 전남구단의 최근 몇 년간 성적이 하위권으로 부진한 점 등 전반적인 부분을 잘 살펴보고 새로운 변화를 시도하시기 바랍니다."

프로축구라는 새로운 업業을 새로운 환경에서 처음 보는 이해관계자들을 만나서 변화와 혁신을 주도한다는 것은 향후 1~2년간 고난의 길을 가야 한다는 것을 암시한다. 나는 종종 도종환 시인이 쓴 「담쟁이」이라는 시의 마지막 구절에 나와 있는 "담쟁이 잎 하나"를 CEO로 해석하여 인용한다. 담쟁이 잎 수천 개를 이끌고 결국 그 벽을 넘는 것이 나의 운명이라는 생각을 하고 사무실 짐을 챙겼다.

002
CEO 자질과
역할은 무엇인가

[DBR 경영 지혜] 스타급 CEO 영입이 기업혁신
보증수표일까?

류주한 한양대 국제학부 교수, 입력 2014-11-07 03:00:00 수정 2014-11-07 04:18:54

데이비드 왕 홍콩시립대 교수 연구팀은 1994년부터 2007년까지 미국의 2000여
개 기업을 대상으로 이들 기업 CEO의 인적사항과 교체 빈도, 배경지식, 과거 경험,
이사회 규모 등을 조사해 해당 기업의 전략적 방향과 성과에 이런 요소들이 어떤
영향을 줬는지 분석했다. 이어 새로 영입된 CEO가 가진 특성들을 새로운 변수로
추가해 이런 요소들이 해당 기업의 방향성과 성과에 어떤 영향을 줬는지 검증했
다.
연구 결과에 따르면 단순히 CEO를 교체했다고 해서 기업의 방향이 바뀌는 것은
아니었다. 변화를 이끌어내고 추진하는 동인은 CEO의 임기나 재직기간이 아니라
CEO의 경험적 자산과 사회적 관계, 과거 재직했던 기업에서의 리더십 등에서 발
생했다. 이런 요소들이 부족한 CEO라면 임기를 짧게 하거나 외부 스타급 경영인
을 영입하더라도 기대하는 만큼 효과를 얻을 수 없는 셈이다.
물론 새로운 CEO를 영입해 기업 전체가 거듭난 사례도 많이 찾아볼 수 있다. 하
지만 너무나 변화무쌍한 이 시대에는 새로운 인물, 새로운 리더에 대한 기업 나름
의 명확한 정의와 철학이 필요하다고 할 수 있다.

(http://news.donga.com/3/all/20141106/67718949/1)

류주한 한양대 국제학부 교수는 변화의 동인은 단순히 CEO 교체에 있는 것이 아니라 CEO의 경험적 자
산, 사회적 관계, 과거 재직기업에서의 리더십이 중요하다고 말한다.

인사권자는 조직의 리더를 바꿈으로써 새로운 변화를 일으켜 성과를 창출하기를 기대한다. CEO(chief executive officer)는 회사라는 단위 조직의 최정점에 있는 자리인데, 야구경기에서 선발투수 혹은 구원투수 역할을 한다. 나는 광고회사 설립과 초기 운영이라는 선발투수 역할과 승주 컨트리클럽 구조조정 및 합병이라는 두 번의 구원투수 역할을 한 적이 있으며 이제 프로축구단에 세 번째 구원등판을 하게 된 것이다.

창업, 일상운영, 구조조정 등의 상황에 따라 경영자의 적합한 역할이 다소 차이가 있겠지만 전반적인 CEO의 자질과 역할에 대한 나의 생각은 다음과 같다.

CEO는

창의(Creativity)적이고,

열정(Energy)적이며,

주인의식(Ownership)을 가지고,

올바른 대안선택(Choice)을 위한 고민을 하며,

선택된 대안을 실행(Execution)하고,

재무성과 등 결과물(Output)을 창출하는

일련의 활동을 해야 하는 사람이다.

003
위기에 적합한
리더십이란

2012년 7월 29일 전남 우수영관광지 명량대첩 기념공원에서 찍은 사진이다. 칠천량 해전에서 원균이 지휘한 조선수군이 괴멸된 후. 1597년 9월 16일 이순신은 13척의 배로 왜선 133척과 맞붙은 명량해전에서 "죽기를 각오하면 살고, 반드시 살고자 하면 죽는다(必死則生 必生則死)."라는 임전결의로 해전을 승리로 이끈다.

KDI 이승주 박사는 『전략적 리더십』(2005, 시그마인사이트컴)에서 위기를 극복하는 데 적합한 리더의 특성을 다음과 같이 서술하고 있다.

1. 강인하고 행동지향적이다. (Tough-minded and action-oriented)
2. 시간적인 제약에도 불구하고 뛰어난 현실진단과 분석능력이 있다. (Excellent analytic ability under time constraints)
3. 사업가적 자질과 폭넓은 비즈니스 경험이 있다.
   (Entrepreneurial instinct and broad business experience)
4. 효과적인 커뮤니케이션 및 협상스킬이 있다.
   (Good communication and negotiation skills)
5. 신속한 실행능력이 있다. (Fast implementation skills)
6. 과중한 업무에도 불구하고 일을 성취해 내는 능력이 있다.
   (Ability to work to a punishing schedule under stress)
7. 사람들의 사기를 진작시킬 수 있는 긍정적인 자세와 자신감을 갖고 있다. (Positive attitude and self-confidence that inspire confidence in others)

이상에서 언급된 내용은 내가 존경하는 인물인 이순신 장군의 리더십과도 일맥상통하기에 리빌딩을 위해서는 반드시 필요한 특성이라고 생각했다.

004

'처지'가 아니라
'의지'가 중요하다

2012년 첫 주기에 박태준 전 회장님 묘소를 찾았을 때, 잠시 길을 잘못 들어 헤매었던 기억이 나서 당시 현충원 약도를 구해 표시한 적이 있었다. 23쪽 사진은 2013년 8월 전남 부임 인사차 들렀던 묘소 전경이다.

새로운 다짐을 더 굳건히 하기 위해 2013년 8월 6일 동작동 국립서울현충원을 찾았다. 회사를 옮길 때마다 나의 영원한 정신적 지주이신 박태준 전 회장님 묘소를 참배해 왔다.

기단 아래에 새겨져 있는 회장님의 좌우명인 "짧은 일생을 영원 조국에"라는 글귀가 "짧은 일생을 영원 전남에"라는 말로 느껴졌다.

불모의 영일만에서 포스코를 일으키신 불굴의 의지를 다시 한 번 생각하면서 중요한 것은 현재의 '처지'가 아니라 더 잘해 보겠다는 앞으로의 '의지'라는 것을 다짐했다. 경건함이 주는 무게감은 향후 나의 마음이 방황할 때 중심을 잡아주는 역할을 해 줄 것이다.

005

업무현황을
명확하게 파악해야 한다

- 목 차 -

업무현황을 보고받고 나서 프로축구단에서 경영자가 반드시 파악해야 할 항목을 24가지로 재편성하여 만들어 보았다.

새로운 산업이나 새로운 조직에 부임하게 되면 현재 이루어지고 있는 업무현황을 최대한 빨리 파악해야 한다. 이것이 늦어지면 늦어질수록 기존의 이해관계자와의 관계가 관행으로 진행되고 추후에 변화나 개선을 하기 어려워진다.

프런트 실무진에서 여러 가지 현황을 보고했으나 내가 관리해야 할 항목을 스물네 가지로 재분류하고 이를 요약하면서 업무현황을 파악했다. 그 결과 크게 네 가지가 각인이 되었다.

첫째, 최근 성적이 2012년 11위, 2013년 10위로 리그 하위권에 있었다.

둘째, 창단 이후 20년 동안 리그 우승이 한 번도 없는 구단이었다.

셋째, 연령별 대표를 제외하고 성인 국가대표에 선발되는 선수가 한 명도 없는 팀이었다.

넷째, 구단 예산이 타 구단 대비 적은 수준이었다.

근본원인이 무엇인지 분석하고 2014년 이후를 대비하여 조속한 시일 내에 리빌딩을 추진해야 한다는 절박감이 나를 더 고민하게 만들었다.

006
변화가 어려운 이유는
무엇인가

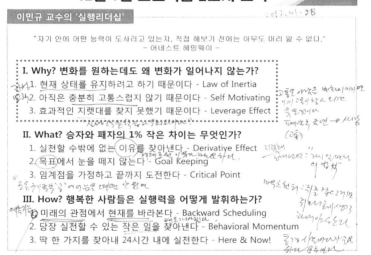

'12년 1월 토요학습 2교시 요약

이민규 교수의 '실행리더십'

"자기 안에 어떤 능력이 도사리고 있는지, 직접 해보기 전에는 아무도 미리 알 수 없다."
- 어네스트 헤밍웨이 -

I. Why? 변화를 원하는데도 왜 변화가 일어나지 않는가?
  1. 현재 상태를 유지하려고 하기 때문이다 - Law of Inertia
  2. 아직은 충분히 고통스럽지 않기 때문이다 - Self Motivating
  3. 효과적인 지렛대를 찾지 못했기 때문이다 - Leverage Effect

II. What? 승자와 패자의 1% 작은 차이는 무엇인가?
  1. 실천할 수밖에 없는 이유를 찾아낸다 - Derivative Effect
  2. 목표에서 눈을 떼지 않는다 - Goal Keeping
  3. 임계점을 가정하고 끝까지 도전한다 - Critical Point

III. How? 행복한 사람들은 실행력을 어떻게 발휘하는가?
  1. 미래의 관점에서 현재를 바라본다 - Backward Scheduling
  2. 당장 실천할 수 있는 작은 일을 찾아낸다 - Behavioral Momentum
  3. 딱 한 가지를 찾아내 24시간 내에 실천한다 - Here & Now!

2012년 1월 28일 포스코 토요학습에서 이민규 교수의 강의내용을 메모한 것이다.

축구단 리빌딩은 대부분 선수단 리빌딩을 우선적으로 잘해야 성적이 좋아진다는 의견이 지배적이었다. 그러나 나는 그와 반대로 경영자 → 프런트 → 감독 및 코치 → 선수단 순으로 변화를 가져가야 성공하겠다는 생각이 들었다.

전략적인 큰 그림은 경영자가 그려야 할 아주 중요한 몫이다. 이를 실행하는 계획을 만드는 것이 프런트이고 이에 맞는 선수수급과 지도는 감독과 코치의 역할이고 그다음은 선수들이 훈련을 통해 성과를 내는 것이다.

그리고 경영자의 입장에서는 프런트를 변화시켜야 한다. 이민규 교수가 이야기한 변화가 어려운 세 가지 이유와 같이, 그들은 과거 수십 년간 해온 이야기를 지속적으로 반복하는 경우가 많다. 관성의 법칙이 작용하기 때문이다. 그리고 구단성적과 관계없이 안정적인 대우가 유지된다. 그들의 고통은 구단이 해체될 단계가 되는 시점에서야 시작되는 것인지도 모른다. 특히, 변화를 주도할 경영자의 강력한 추진력을 뒤에서 받지 못한 경우에는 변화가 더 어렵다.

나는 스스로 이러한 변화를 일으키기 위한 촉매가 되기로 했다.

027

007
주변 의견도
들어야 한다

이해관계자 인터뷰
(Stakeholder Interview)

외부

○ 기 간 : 13.8.26~9.16
○ 대 상 : 30명
-광양시장, 순천시장
 광양시의장 및 시의원 4명
 지역금융기관장 3명
 지역신문 사장 4명
 드래곤즈 전 사장 및 단장 2명
 외주사협회장 외 관련사장 4명
 주주사대표 등 관련사장 3명
 축구협회, 기자 등 축구관계자 8명
○ 주요내용
 - 드래곤즈는 잊혀진 구단
 - 리그성적 향상 및 홈경기 승리 열망
 - 우수선수 발굴 육성 필요
 - 지역과 유대강화

내부

○ 감독 및 지도자 간담회 : 4회
○ 구단 전 직원 토론회 : 2회

전남 리빌딩추진계획 보고서 중 일부이다. 더 많은 주요 인사들을 만나고자 했으나 그분들의 일정이 중복되어 만나지 못했다.

축구단 리빌딩을 위해서는 방향설정이 중요하기에 다양한 이해관계자의 객관적인 의견을 구하는 것이 시발점이라는 생각이 들었다. 가급적 빠른 시간 내에 모든 이해관계자의 의견을 들어야 했다. 그렇지 못하면 기존의 세력이나 관행에 묻혀서 리빌딩이 어렵다.

연인원 추산으로 이해관계자 100여 명을 만나 의견을 들어본 결과 주요내용을 크게 네 가지로 함축할 수 있었다.

첫째. 언제부터인지 모르지만 시민과 지역사회에서 잊혀져 간 구단이라고 했다.

둘째. 성적향상과 더불어 홈경기를 반드시 이겨달라고 했다.

셋째. 스타급 선수를 발굴 내지는 보유하기를 원한다고 했다.

넷째. 지역사회와 유대를 강화해 주면 좋겠다는 것이었다.

어느 하나 쉬운 일은 없지만 그래도 VOC(voice of customer)를 파악한다는 것은 리빌딩 작업의 시작으로서 밑그림을 그리는 데 상당히 중요한 대목이었다.

008
가난한 구단이
추구해야 할 전략 방향은

실이 아니지만)임을 강조하고자 했다. 하지만 어슬레틱스가 조사한 바에 의하면 팬들이 관심을 두는 것은 오로지 승리뿐이었다. 별 볼 일 없는 선수들이 승리를 거둘 때 팬들이 그것을 지켜보고 있었다면 그때부터는 별 볼일 없는 선수들이 스타가 되는 것이다. 반대로 스타들을 보유하고도 계속 패배한다면 팬들은 경기장에 들어서지 않을 것이고, 그때부터는 스타들이 별 볼일 없는 선수로 뒤바뀐다. 별 볼일 없는 선수들을 모아서 가혹할 만큼 집중적인 훈련을 시켜 효율적인 야구 기계를 만들어 승리를 이끌고, 또한 그들이 스타가 되는 모습을 지켜보는 것은 가난한 구단을 운영하는 사람만이 누릴 수 있는 특권이었다.

마이클 루이스, 『머니볼』, 한스미디어, 2006, 191쪽

프로축구단 운영주체는 기업구단과 시도민구단, 두 가지 형태로
크게 분류된다. 시도민구단 대비 기업구단이라고 무조건 재정능력
이 풍부한 것은 아니다. 전남드래곤즈의 재정을 살펴보니 그렇게
넉넉한 살림은 아닌 듯했다.

재정이 든든하지 못한 프로스포츠구단 운영에 대한 전문가의 경험
을 담은 책을 읽은 적이 있었다. 이 내용은 영화로도 만들어져서 국
내에서도 동일한 제목으로 개봉되었다. 바로 마이클 루이스가 저
술한 '머니볼'이라는 야구단 이야기이다. 축구단 초보 경영자로서
는 배울 내용이 많았다. 그중 중요한 두 가지가 있었다. 하나는 별
볼 일 없는 선수를 스타로 만드는 것이고 다른 하나는 데이터에 의
한 선수관리였다.

야구뿐만 아니라 축구구단도 재정이 풍부하지 못하다면 이와 같은
방향으로 나가야 한다는 생각이 들었다. 그래서 이 글을 구단 스태
프들과 감독, 코치들에게 내부 토론을 할 때 한 부씩을 돌려서 공감
대를 형성할 수 있도록 했다. 이는 향후 구단이 지향해야 할 전략방
향에 대한 근본적인 원칙을 다른 사례를 들어서 전달한 것이다.

전반전
First half

• • •

제2장

리빌딩
전략을
추진하다

기존의 모든 것을 바꿀 것이다.
바꾸지 않으면 10등을 벗어날 수 없다.
선수영입뿐만 아니라
말, 행동, 프로세스, 식당메뉴까지
모두 바꿀 것이다.
바꾸지 않아도 12개 팀 중 10등이고
2부 리그 탈락 여부에 노심초사했는데
실패해도 이보다는 잘될 것이라는
확신이 들었다.

009
리빌딩계획을
수립하다

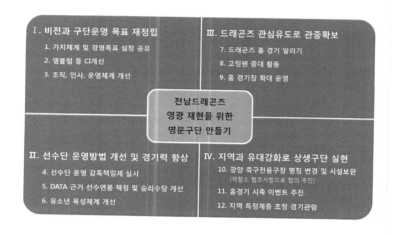

전남 리빌딩추진계획에서 인용한 자료로 가운데 표현된 미션 및 네 가지 주요목표와 열두 가지 세부실
행사항이 도출되어 있다.

이해관계자의 의견을 청취하고, 내부여건과 외부 환경분석을 모두 마친 후, SWOT 분석을 거쳐 리빌딩계획을 수립했다. 리빌딩계획은 사실 앞으로 추진해야 할 모든 핵심사업내용을 나타낸 중기전략이었다. 구단 스태프들과 밤을 새워 각고의 노력 끝에 만들어진 결과를 네 가지 주제로 구분했다.

첫째, 비전과 구단 운영목표 재정립
둘째, 선수단 운영방법 개선 및 경기력 향상
셋째, 드래곤즈에 대한 관심 유도로 관중 확보
넷째, 지역사회와의 유대강화로 상생구단 실현

나는 이 계획을 만들기 위해 다소 시간이 걸리더라도 구단직원 전원을 동참시켰다. 향후 그들이 사업추진의 실질적인 주체로서 실행력을 강화하기 위해서였다. 그들과 한 방향으로 뜻을 모으기 위해서 계획작성에 참여시키고, 수정 및 토론과정에서 나의 뜻을 이해시키며, 최종적으로 공감대를 형성하도록 했다.

010
비전, 미션, 핵심가치를
재정립하다

광양축구전용구장 입구에 있는 선수단 사진과 전남드래곤즈의 비전이다. 2014년 구단 운영방향은 행복
경영 3대 가치를 기반으로 설정했다.
- 주인의식을 가지고 '미래'지향적인 구단운영
- 경기력 향상과 축구발전이라는 '공익'가치를 추구
- 팬과 이해관계자와 신뢰와 소통으로 '상생'하는 구단

종전의 비전은 "세계 최고의 프로축구구단", 미션은 "환희와 감동의 신바람 스포츠 구현", 핵심가치는 "재미있는(fun) 경기, 즐거운(joy) 응원, 행복한(happy) 시간"이었다.

비전은 전남이 추구하는 장기목표와 바람직한 미래상을 의미하는데, 2부 리그로의 탈락을 걱정하면서 '세계 최고'는 너무 현실과 괴리된 것으로 공감대 형성이 어렵다는 느낌이 들었다. 미션은 조직이 존재하는 근본적인 이유인데, 대한체육회 미션인 양 너무 광범위했다. 핵심가치는 우리가 행동하거나 일하는 준거 기준은 무엇인가를 나타내는 것인데, 이 또한 명확한 내용과는 거리가 있게 느껴졌다.

메모지 수십 장을 버리고 나서 재정립한 비전은 "The Premier JDFC(최고 수준의 전남드래곤즈 프로축구단)", 미션은 "팬들에게 사랑 받는 명문구단 만들기", 핵심가치는 "신뢰, 소통, 감사"였다.

비전, 미션, 핵심가치를 경영의 겉치레로 보고, 회사마다 하나 정도는 있어야 되는 것으로 적당히 만든다는 것은, 향후 조직 정체성(identity) 문제를 야기하여 없는 것만 못하다.

011
엠블럼을
변경하다

종전 엠블럼

변경 엠블럼

1. 종전 엠블럼
2. 변경 엠블럼: 용의 노란색은 전남의 황금 들녘과 포스코의 용광로 쇳물을, 보라색은 창조와 고귀함을, 3선은 팬, 선수, 구단을 의미한다. 전남드래곤즈 영문과 약자인 JDFC(Jeonnam Dragons Football Club)를 표기했다. 1994년은 전남드래곤즈 프로축구단의 창단연도이다.

엠블럼은 구단을 대표하는 상징물이다. 처음 보는 순간 아기자기하기는 하지만 복잡하고 약간 답답하다는 느낌이 들었다. 창단 당시 엠블럼을 2001년에 개선하여 현재까지 사용하고 있었는데, 나만 그렇게 느낀 것인지는 알 수 없으나 도저히 용이 승천할 수 없는 형태였다.

전남드래곤즈를 의미하는 용을 형상화하여 가운데 그려놓고 주변에서 용을 움직이지 못하도록 전부 둘러싸고 있다는 느낌이 들었다. 용머리 정수리에 항만을 상징하는 앵커(닻)를 얹어 용의 승천을 어렵게 만들고, 좌우에 쇠를 만드는 신이 망치를 든 채 용을 가두고 있다는 느낌이 들었다. 영문표기도 과거 방식으로 현재 전라남도가 공식 사용하는 표기법과도 달랐다.

엠블럼이 주는 의미가 너무 복잡하고 진부하여 전통적 원형은 유지하되 단순하고도 강렬한 이미지로 바꾸면서 새로운 의미를 부여했다. 이 과정을 통해 나는 직원들에게 무엇이든지 보는 관점이 중요하다고 이야기했다. 그리고 현재 진행되는 모든 사소한 일도 원점에서 새롭게 생각해 보도록 했다.

012
고객 친화적인
명함을 제작하다

종전 명함

변경 명함

1. 종전 명함
2. 변경 명함: 고객 친화적으로 다시 만든 명함이다.

첫 출근 시 직원들이 미리 만들어 놓은 명함을 보니 너무 고전적인 형태로 만들어져 있어서 다소 놀랐다. 명함은 바로 회사와 그 구성원을 대표하는 비즈니스의 중요한 수단인데 프로축구단 이미지와는 다소 거리감이 있어 보였다.

첫째, 마케팅이 중요한 회사는 회사를 파는 것이 아니라 상품을 팔아야 한다. '하이트진로'가 아니라 '참이슬'을 파는 것이다. '주식회사'가 앞에 나올 것이 아니라 '프로축구단'이 앞에 나와야 한다.

둘째, 광고를 판매하여 수익을 창출하는 비즈니스가 프로구단의 주된 마케팅활동인데 휴대전화번호가 없다는 것은 광고주가 긴급하게 연락을 취할 곳이 없다는 뜻이다.

셋째, 전남이 접하는 비즈니스 영역과 주요 팬층을 고려할 경우, 과연 한자로 작성된 이름이 필요한지, 또 구단 엠블럼은 왜 없는지 의아하게 생각했다.

단순한 명함이지만 엠블럼도 넣고, 이름도 한글로 바꾸고, 광고주나 고객들이 필요한 연락처를 모두 병기하는 등 고객 친화적으로 디자인을 다시 만들었다.

013

원가절감형
조직으로 전환하다

○ **조직체계 변경** : 팀장-국장-사장 3단계 단축으로 의사소통 원활화

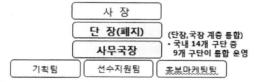

○ **인사체계 개선** : 직능, 승진, 인사평가, 연봉이 일치된 인사체계수립
　- 직능자격등급은 10단계 등급을 7단계 등급으로 조정
　- 인사평가는 MBO방식으로 운영하고 연봉인상에 반영

○ **현실에 부적합한 사규 개정** : 87개 조항(신설7, 삭제26, 수정54)

○ **전결권 조정** : 권한위임 실무 자율성 강화→ 집행사항 국장 및 팀장전결

○ **불용자산**(사택 2채, 차량 2대) 매각하고 전·월세, 리스 및 렌탈로 대체

전남 리빌딩추진계획 중 조직. 인사. 운영체계 개선과 관련한 내용이다. 재정이 넉넉하지 않은 구단은 조직 및 인사체계 개선 등 비능률적인 요소를 없애는 것도 좋은 방법이다. 특히 인건비나 고정자산유지비용 등 고정성 비용은 철저히 줄여나가야 한다.

기업의 경쟁력은 여러 가지가 있을 수가 있으나 그중 두 축은 하버드대학의 마이클 포터 교수가 '본원적 경쟁전략'에서 언급한 원가우위와 차별화 전략이다. 이 두 가지 전략을 모두 성공하기 어렵다면 먼저 내부 통제가 가능한 원가우위 전략을 추진해야 한다.

나는 단순히 경비를 절감하자는 측면에서 원가절감을 보지 않았다. 원가절감은

> 첫째. 회사 내부에서 발생하는 낭비를 최소화하여 손실을 줄이고 경쟁력을 극대화한다.
> 둘째. 조직 내에 잔존하는 비능률적인 요소를 없애고 근검절약 정신을 갖추도록 하여 지속적인 혁신과 변화를 이끌어낸다.

원가절감은 반드시 절감된 원가가 캐시 플로우(cash flow)상에 반영이 되도록 진행해 나가야 한다. 잘못된 원가절감은 계획상으로는 거창한데 실질적으로는 절감된 원가가 회계상으로 반영되지 않는 것이다.

의사결정의 신속화를 위한 조직계층 축소와 불요불급한 규정 폐지 등을 통해 불필요한 일을 하지 않도록 만드는 것도 원가절감의 중요한 방법 중 하나이다.

014
선수단 인원규모를
축소하다

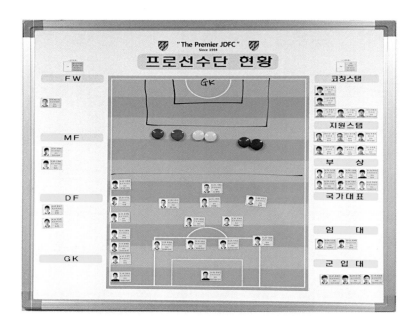

집무실에 부착된 선수단 현황판이다. 2013년 36명이던 선수단 규모를 2014년에 33명으로 줄였고, 2015년에 다시 30명으로 줄였다.

구단 선수들과 상견례에서 처음 만난 전체 선수가 36명이었다. 한 경기에 11명의 선수와 교체인원 3명을 포함하면 최대 14명이 경기를 뛴다. 나머지 22명은 무엇을 할까, 라는 의문이 들었다.

원가분석 결과, 선수 1명당 지급되는 연봉을 제외하고 드는 의식주 비용이 수천만 원을 넘는 것으로 계산되었다. 선수 중에는 당해 연도 리그에서 한 번도 출전하지 못하는 선수가 있을 수 있다는 생각이 들었다. 감독이나 코치들은 선수가 많으면 많을수록 좋다고 하지만 '링겔만 효과'처럼 인원이 많다고 합창단의 노랫소리가 크지 않다는 것이다.

다음 경기에 내가 출전한다는 긴장감이 있어야 선수들이 항상 몸을 잘 만들어 놓을 것이라는 생각과 인원이 어느 정도 정예화되어야 경기에 출전하는 18명의 명단을 제대로 짤 수 있을 것이라는 생각이 들었다. 그래서 선수단 규모를 점점 축소시켜 나갔으며 축소한 비용으로 포지션별 핵심 선수를 보강하여 실제 경기에 임하는 전력은 강화시켰다. 재정이 넉넉하지 않은 구단은 이렇게 하는 것도 적정한 등수를 유지하는 방법 중 하나라고 판단했다.

015

선수단 구성은
12월 말까지 마쳐야 한다

뉴스 11-20 / 30,655건   뉴스 라이브러리 검색 □

✔정확도순 최신순 오래된순   검색결과 자동고침 시작 ▶ 언론사선택 ▾

전북 이어 전남까지 K리그 호남발 '폭풍 영입' 스포츠월드 17시간전 ⋮
프로축구 K리그 클래식에서 전북 현대에 이어 **전남 드래곤즈**가 새 시즌을 대비해 '폭풍 영입'을 펼치며 이적
시장을 주역으로 떠올랐다. 전북이 한교원 김남일 이승엽 김인성 등을 영입하며 전력보강에 나선...
네이버에서 보기 □   관련기사 보기 □   이 언론사 내 검색

[단독] 스테보 이어 대구 레안드리뉴도 전남行 풋볼리스트 1일전 ⋮
[풋볼리스트] 윤진만 기자= **전남드래곤즈**의 영입 퍼레이드는 아직 끝나지 않았다. 8일 K리그 소식에 정통한
복수의 관계자에 따르면 지난 두 시즌 대구FC에서 활약한 브라질 출신 플레이메이커 레안드리뉴(29)가...
네이버에서 보기 □   관련기사 보기 □

속전속결,폭풍영입, 전남유치원이 알라졌어요 스포츠조선 1일전 ⋮
" **전남 드래곤즈**가 2014시즌을 앞두고 K-리그 '폭풍영입'의 중심에 섰다. 4일 베테랑 풀백 현영민과 수비 유망
주 마상훈, 5일 전북 출신 미드필더 김영우에 이어 6일 수원 출신 에이스 스테보, 크로아티아 에이스...
네이버에서 보기 □   관련기사 보기 □   이 언론사 내 검색

네이버 뉴스를 캡처한 것으로, 2013년 말 다른 구단보다 앞서 선수 보강작업이 이루어진 것에 대한 호의
적인 기사가 많았다.

2013년 말 리그가 끝날 무렵에 처음으로 선수 보강작업을 했다. 대부분 다른 구단은 익년도 2월까지 선수이적과 보강을 한다는 이야기를 들었다. 나로서는 잘 이해가 가지 않는 일정이었다. 해외 전지훈련이 1~2월에 집중적으로 이루어지는데 조직력이나 전술을 가다듬는 훈련 중에 선수들이 들락날락하면 그 효과가 줄어들 것이라고 생각했다.

나는 감독과 코치들에게 필요한 선수를 12월 안에 보강하도록 다음과 같은 의견을 제시했다.

첫째. 이적 대상자를 11월 말까지 조기에 확정하고, 빠른 시일 안에 영입할 대상 선수를 결정한다.

둘째. 등뼈라인이 안정되도록 공격수 – 미드필드 – 수비수의 즉시 전력감을 복수로 우선 추천하여 상의한다.

셋째. 외국인 선수 보강을 위해 수석코치를 현지에 파견하여 직접 확인한다.

일부 직원들이 타 구단과의 형평성, 에이전트의 적극성 등의 문제로 어렵다고 했으나, 나는 우리에게 맞출 수 있도록 프로세스를 만들어 가는 것이 중요하며 남의 프로세스를 따라가는 것은 경쟁시장에 종속되는 것이라고 말했다.

016

데이터에 근거해
선수를 보강하다

2014년에는 스테보(오른쪽), 2015년에는 오르샤(왼쪽), 두 외국인 선수의 보강은 신의 한 수로 통할 만큼 좋은 성공사례였다. 스테보는 2년 연속, 오르샤는 2015년, 각각 10점 이상의 공격포인트를 올렸다.

2013년 시즌 최종순위 10위를 기록한 전남은 정규리그 38경기에서 14팀 중 가장 적은 34골(경기당 0.89골)을 넣었다. 내용 면에서도 멀티 골을 기록한 경기는 단 8경기에 불과했고 무려 12경기를 무득점으로 마쳤다. 6골을 기록한 이종호와 전현철 선수가 팀 내 최다 득점자였다.

2014년 정규리그 6위 이내 상위 스플릿 진입이라는 목표를 세웠고 이 목표를 달성하기 위해서는 '경기당 평균 1.5골' 이상의 득점이 필요했다. 실제로 2013 K리그 클래식에서 6위 이내 팀들은 평균 1.4골 이상 넣으며 상위 스플릿에 이름을 올렸다. 포항(63골), 울산(63골), 전북(61골), 서울(59골)이 모두 1.5골 이상 기록하며 1위부터 4위를 차지했다.

나는 최소한 공격포인트 10포인트 이상을 하는 선수가 2명 이상은 되어야 6위 안에 들 것이라고 판단했고 그러한 선수들을 찾아보도록 했다. 그 결과 이렇게 영입을 추진한 외국인 선수들은 나의 기대를 저버리지 않고 10포인트 이상의 골과 어시스트로 화답해 주었다.

017
데이터에 근거해
선수연봉을 책정하다

http://imgnews.naver.net/image/001/2014/04/17/GYH2014041700030004400_P2_59_20140417
110607.jpg?type=w540

프로축구연맹이 발표한 자료에 의하면 2014년 K리그 클래식 전체 선수 390명 연봉 총액은 754억
6,200만 원으로 나타났다.

특정 선수의 가치가 얼마인지 명확하게 계산하여 말할 수 있는 사람은 거의 없다. 대부분 정성적인 평가로 '상당히 잘한다', '꼭 필요하다', '발전성이 있다'라고 말하면서 연봉인상을 희망한다.

정량적으로 객관적 평가가 되고 나서 정성적인 평가를 덧붙여 전체적인 평가를 하는 것이 원칙인데, 정성적인 측면에 치우친 방식은 타당하지 않다는 생각이 들었다. 그래서 객관적으로 평가할 수 있도록 가이드라인을 주었다.

> 첫째, 조직기여도인 팀 전체성적(00%)과 개인목표의식 강화를 위한 개인기록(00%)을 반영하여 연봉을 가감하는 방식으로 가야 한다.
>
> 둘째, 팀 성적은 당해 년도 목표등수를 달성할 경우를 100으로 하고, 등수 차이에 따라 가감한다.
>
> 셋째, 개인성과는 경기출전시간, 실점 및 공격포인트 등 기여도, 코치들의 평가점수를 합산 평가한다.

이러한 평가를 수치화한 후, 개별연봉 결정과정에서 관계자 전원이 모여 정성적인 평가의견을 더하여 적정성 여부를 확인하는 방식으로 선수연봉을 산정하고 이 내용을 바탕으로 선수들과 협의를 하도록 하였다.

018
승리수당 차등화로
동기를 부여하다

승리수당은 원칙적으로 똑같이 배분되어야 좋다는 생각이다. 고액연봉자라고 해서 팀 승리에 반드시 더 많이 기여하는 것은 아니기 때문이다. 다만 승리수당을 책정하는 방법은 좀 더 가다듬을 필요가 있다고 본다. 강팀을 상대로 이기면 더 많이 주고, 누가 봐도 승리가 예상되는 경기는 비중을 낮추는 방법이 한 예이다.

네덜란드 PSV 에인트호번의 경우를 보자. 지난 시즌 성적 장위 1~4위 팀을 상대로 이기면 6,000유로(약 900만 원, 세전, 2009-2010시즌 기준), 나머지 팀들은 4,000유로의 승리수당을 지급한다. 리그 우승을 할 수 있는 팀이 대체로 정해져 있다 보니 라이벌과의 경기에 수당을 집중하는 것이다.

박주호가 뛰는 FC 바젤(FC Basel)의 경우 더욱 극단적이다. 클럽이 리그순위 1위를 유지하고 있으면 상대팀에 관계없이 1승당 3,000 스위스 프랑(약 375만 원, 세전, 2011-2012시즌), 2위에 랭크돼 있는 동안에는 1승당 2,400 스위스 프랑을 지급한다. 3위 이하로 떨어지면 승리수당이 없다. 챔피언스리그 출전 가능권인 2위 이하는 의미가 없다는 극단적인 1위 수성 전략인 것이다.

무승부 수당의 경우 유럽클럽들은 승리수당의 1/3을 지급한다. 무승부 1점, 승리 3점인 현행 포인트 제도를 감안하면 지극히 합리적이다. 반면 K리그에선 무승부 수당에 일정한 기준을 찾기가 어려운 경우도 있다.

김동국, 『에이전트 비즈니스를 말한다』 일리, 2013, 106쪽

2014년 전남이 6위 이내로 가는 목표를 세웠다면 그것을 달성할
수 있도록 적절한 동기부여 시스템이 작동해야 한다. 축구단 경영
에 관련된 여러 가지 책을 섭렵하던 중 에이전트 비즈니스와 관련
된 책에서 좋은 내용을 읽고 머릿속에 유레카처럼 떠오른 것을 제
도화했다.

전남이 상위 스플릿에 들기 위해서는 하위권 팀을 상대로는 반드
시 이겨야 하는 것은 물론이고, 상위권 팀과의 경기에서도 어느 정
도 승률을 유지해야 한다. 그러기 위해서는 종전에 어느 팀과의 경
기를 이겨도 100(지수기준)이라는 승리수당이 나갔던 것을 6위 이내
팀과의 경기는 150, 7위 이하 팀과의 경기는 60이 나가도록 개선
하여 상위 팀과의 경기에 좀 더 동기부여가 되도록 했다.

이러한 제도개선이 선수들에게 직접적으로 영향을 미쳤는지 정확
히 측정된 바는 없지만, 2013년 10위에서 2014년 7위라는 성적과
대비해 보면 어느 정도 영향을 미쳤을 것이라는 추론은 할 수 있다.

019
길거리 홍보를
시작하다

전남 마스코트 철룡이와 홍보도우미가 길거리 홍보 중인 모습(작은 사진), 경기장 인근 주요도로에 전남
드래곤즈 깃발을 부착한 모습(큰 사진)이다.

리빌딩계획을 수립하기 위해 전남의 이해관계자분들의 의견을 청취하는 과정에서 '잊혀져 가고 있는 구단'이라는 이야기를 많이 들었다. 홍보수단을 확인한 결과 홈경기 안내 현수막을 경기 1~2주 전에 시내 주요개소에 걸어 놓는 것이 전부였다.

과거에는 확성기 같은 장비를 가지고 직접 홍보를 하며 시골장터 같은 분위기가 있었다. 그러나 요사이는 소셜 미디어로 경기일정 등 홍보 횟수 측면에서는 더 많이 활동하고 있으나 외형적으로 보이는 것이 없다 보니 그렇게 인식이 된 것 같았다.

사실 참신한 아이디어가 없다는 것도 문제지만 과거방식을 고수하자면 관련 경비 지출이 더 문제이다. 고민 끝에 최소비용으로 추진하되 시민들 눈에 띄도록 두 가지 길거리 홍보를 시작했다.

홈경기 하루 전날 시민들이 많이 모이는 곳을 직접 찾아다니면서 구단 인지도를 향상하는 홍보도우미를 운영했다. 또한 전남드래곤즈 깃발을 제작하여 홈경기장 인근과 시내 주요도로에 게양하여 경기 전 3~4일간 분위기를 고조시키는 활동을 전개했다.

020
순천대 총학생회
응원전을 유치하다

2015년 3월 24일 순천대학교 총학생회와 전남드래곤즈가 교류협력을 약속하는 MOU 체결과 함께 전남드래곤즈 사인회를 열었다. 57쪽 사진은 순천대 총학생회에서 네임 데이 행사를 알리는 포스터이다.

전라남도 광양시에 홈구장을 두고 있는 전남드래곤즈는 철강과 항만 중심의 도시를 배경으로 하고 있어서 관중들 대부분이 기업 근로자이고 이들이 응원문화를 주도하는 계층이다. 광양시 인구 구성비를 가장 많이 차지하는 계층은 40대가 18.9%이며 다음으로는 50대가 15.1%, 30대가 14.2%, 10대가 13.9%, 20대가 12.5% 순이다. 40~50대 구성비가 높고 가장 왕성하게 활동하는 20대의 구성비가 매우 낮다. 사실 서포터즈 구성이 어려운 이유도 여기에 있다.

20대 중심의 새로운 젊은 계층의 팬들을 확보하고 더 나아가서 서포터즈의 일원으로 동참을 유도하고자 순천대 총학생회와의 관계를 1년 이상 지속적으로 유지한 결과 상호공동발전을 도모하는 업무협약식을 체결하게 되었다.

업무협약식의 일환으로 2015년 6월 3일 전남드래곤즈 홈구장에서 순천대학교 학생 500여 명과 함께 K리그 클래식 광주FC전을 관람하는 '순천대 네임 데이' 행사를 가졌다. 순천대학교 송영무 총장과 방승혁 학생회장의 시축과 함께 경품추첨 및 학생 릴레이경주 등 다양한 이벤트가 이어졌다.

021
현재와 미래의
팬들을 확보하다

초등학교 등굣길 안전지킴이 활동에 전남 마스코트 철룡이가 함께하고(작은 사진), 어린이 체력증진과
정서발달을 위한 어린이집 일일 체육프로그램에 전 국가대표인 최효진 선수가 참여했다(큰 사진).

맥도날드가 세계시장에서 성공을 거둔 요인 중 하나는 어린이들을 위해 다양한 프로그램을 앞서 개발하여 어린이들을 최대 고객으로 만든 것이다. 한 예로 맥도날드의 토이(장난감, toy) 마케팅은 패스트푸드업계의 교과서로 통할 정도다. 다양한 장난감을 세트메뉴와 곁들여 판매한 토이 전략은 어린이 고객을 폭발적으로 끌어들여 경쟁시장을 선점할 수 있게 했다. 어린아이가 부모를 끌고 맥도날드 가게로 온다는 것이다.

미국 연수 중에 안 사실인데, 맥도날드는 취학 전 어린아이에게는 원가에도 미치지 않는 매우 저렴한 가격의 햄버거를 판매한다. 이 전략은 아주 어릴 때부터 자사제품에 입맛을 들여 성인이 되어도 자사제품을 찾도록 만드는 마케팅 전략이다.

전남드래곤즈의 현재의 팬이자 미래의 고정 팬을 확보하기 위해 일주일에 한 번씩 유치원과 초등학교를 찾아가는 전략과 축구장에서 소중한 경험을 공유하는 견학프로그램을 마련했다. 그들은 현재는 부모들을 축구장으로 유인하는 촉매이기도 하고, 미래에는 우리 구단의 열혈 팬이 될 수도 있는 것이다.

022
새 술은 새 부대에
담아야 한다

전남드래곤즈 검색 시 지도에 표시가 되도록 했다. 아래 작은 사진은 이전한 새 사무실 입구 전경이다.

맹모삼천지교孟母三遷之敎, 맹자의 어머니가 자식을 위해 세 번 이사했다는 뜻으로, 인간의 성장에 있어서 그 환경이 중요함을 가리키는 말이다. 나는 사람들이 좋은 환경에서 일한다면 좋은 결과를 가져온다는 사실을 경험을 통해 알고 있는 사람 중 하나이다.

전남 사무실은 7~8층 정도 되는 두 개의 모텔 사이에 위치한 창고 같은 단층 건물에 있었고 길 찾기 지도에도 나와 있지 않을 정도로 외곽에 있었다.

사무실을 전남드래곤즈 홈구장 내로 옮기기로 결심하고 이전작업을 추진했다. 축구장 내에 적정한 공간이 없다는 이유로 어렵다는 이야기를 들었지만 설계도를 직접 확인하고 출입통로를 변경하는 등의 조치로 사무공간을 만들었다. 항상 이야기하지만 궁즉통窮則通이다. '궁하면 통하는 것'이 세상이치이다. 뜻을 가지고 이루려는 자는 그 '방법'을 찾고 하기 싫은 자는 '핑계'를 찾는다.

사무실 이전과 동시에 책상, 의자, 노트북을 새것으로 바꾸어주고 전반적인 인테리어도 쾌적하게 하여 어느 회사도 부럽지 않은 아담한 장소를 직원들에게 제공했다.

023
프로구단의 미래는
유스팀에 있다

2015 **K** LEAGUE **U18** CHAMPIONSHIP

전남 유스팀인 광양제철고는 2014년에는 백운기 우승. 2015년에는 백운기 및 K리그 U18 챔피언십 우승 등 2관왕에 올랐다. 63쪽 사진은 2014년 부터 유망주 조기발굴차원에서 시작한 U12 유스팀 공개모집 포스터이다.

모기업 경영여건으로 인해 전남에 대한 지원이 과거 대비 줄어들 것으로 전망되어 고액연봉을 받는 좋은 선수를 데려오기가 어려워졌다. 더구나 중국과 중동지역에서 엄청난 머니 파워로 한국에서 기량이 좋은 선수들을 흡수하기 때문에 향후 프로구단의 성과 여부는 유스팀 선수 육성에 달려있다고 본다.

경영자가 바뀔 때마다 유스팀 육성방침이 바뀌어 혼란을 줄 것이 아니라 체계적 육성시스템을 정착시키는 것이 매년 반복되는 시행착오를 줄일 것으로 판단되어 다음과 같은 운영원칙을 마련했다.

첫째, 유소년 우수선수 확보를 위한 대상 학교를 17개교에서 30개교로 확대한다.

둘째, 초·중·고 유스팀 내부진학 선수 선발은 공개 테스트를 추진하여 우수선수를 진학시킨다.

셋째, 광철고 3학년 중 우수선수를 전남 프로팀에 직접 입단시키기 위해 프로팀과 합동훈련 및 연습경기를 정례화한다.

넷째, 유소년 U-18(고등부), U-15(중등부) 국가대표급 선수 육성목표를 수립, 추진한다.

024

유소년 선수들에게
전한 한마디

유소년팀 클럽하우스 입구에 게시되어 있는 편액으로 액자 상단의 문구는 인성을 강조하고자 필자가 만들어 넣은 것이다.

연초에 유소년 출정식은 하지 않는다고 한다. 나는 시작이 반인데 시작을 하지 않는다는 것은 아무 의미가 없다고 생각했다. 새로운 학기가 시작되면 새 책에 새 노트를 준비하면서 마음을 다잡듯이 출정식은 필요하다는 판단이 들었다. 출정식을 진행하면서 나는 유소년 선수들에게 진정으로 하고 싶었던 말 세 가지를 전달했다.

첫째. 인성에 관한 것입니다. 인성이란 어릴 적부터 몸에 배인 것으로 나이가 들면 하루아침에 바뀌는 것이 아닙니다.
둘째. 기본기에 충실해야 합니다. 세 살 버릇 여든까지 간다고 하듯. 뼈가 굳어지기 전에 개인기술을 잘 익혀야 합니다.
셋째. 즐기는 축구가 필요합니다. 지금 축구하는 것이 즐겁다고 느끼는 사람이 행복한 선수입니다.

나는 이 중에서 가장 중요한 것이 인성 즉, 사람이 되는 것이라고 강조했다. 그리고 유소년팀에는 인성에 문제가 있는 선수는 가급적 선발하지 않도록 했다.

후반전
Second half

● ● ●

운영상 문제점을 지속적으로 개선하다

리빌딩과는 별도로
일상적으로 추진되는 일에도
많은 의문점이 있었다.
그래서 나는 끊임없이 물었다.
이 일은 왜 하는지,
방법론이 타당한지,
시대에 뒤떨어진 것은 아닌지,
바꾸면 문제점이 있는지 등등.
모든 일을 원점에서 다시 생각해 보면서
운영상의 문제점을 개선해 나갔다.

025
연간실행계획의
중요성을 강조하다

2014년 실행운영계획

Ⅰ. 2013년 성과와 반성

Ⅱ. 2014년 경영환경 전망

Ⅲ. 중기경영계획(2014년~2016년)

Ⅳ. 2014년 실행운영계획

　　* 부서별 실행계획

Ⅴ. KPI 현황 종합

2014. 01. 03
주식회사 전남드래곤즈

2013년 11월에 작성을 시작하여 직원토론회를 거쳐 완성한 실행운영계획서의 표지목차이다.

2014년에 집행할 계획을 수립하기 위해 2013년도 실행계획이 있는지를 확인했더니 목표는 설정되어 있는데 세부적인 추진계획은 없다고 한다. 주간 단위로 회의를 통해 일을 진행한다고 했다. 그러면 한 해 동안 무슨 기준으로 일을 하는지, 현재 각자가 하고 있는 일이 어디에 기여를 하고, 진도가 어디까지 왔는지를 어떻게 알 수 있는지를 재차 질문했다. 아무도 답변하는 사람이 없어서 실행운영계획의 필요성에 대한 나의 관점을 설파했다.

첫째, 전년도를 되돌아보고 성과와 반성의 시간을 갖는다.

둘째, 부서 간 목표를 공유하여 전체 실행력을 강화한다.

셋째, 계획수립 시 토론과정을 통해 부서 간 소통으로 시너지효과를 낸다.

넷째, CEO와 공감대 형성으로 일관성 있게 일을 추진한다.

다섯째, 구단주 등 이해관계자에게 정확한 정보를 제공할 근거를 만든다.

직원들에게 연간실행운영계획의 중요성을 다시 한 번 강조했다. 그냥 계획수립을 지시하면 수동적으로 괜한 일을 한다는 생각이 들어 무의미하기 때문이다.

026
MBO를 위해
KPI가 필요하다

Ⅴ KPI 현황 종합

구 분		항 목	측정지표	KPI
구단KPI (CEO KPI)		• K리그 및 FA컵 목표성적 달성	성적	리그 0위 이내 FA컵 0강 이내
		• 유소년 연령별 대표 선수 일정이상 보유	보유인원	00명
		• 구단 손익 분기점 준수	준수율	00%
부서별 K P I	선수지원팀	• 주전급 공격수 및 수비수 영입으로 팀 평균 득점 향상 및 실점 감소 : 평균 득점 `14년 00골 → `15년 00골 평균 실점 `14년 00골 → `15년 00골	평균득점 평균실점	득점 00골 실점 00골
		• 프로 선수 정예화 추진: 선수인원 `14년 00명 → `15년 00명	선수인원	00명
	홍보마케팅팀	• 입장 수익 추가 창출방안 추진	매출 증가액	0억 원
		• 광고마케팅 매출 증대활동 추진	매출 증가액	00억 원
		• 입장 관중 증대 활동추진	관중증가율	00%
	기획팀	• 불용자산 매각으로 현금유동성 확보 : 사택 및 차량 등	매각금액	00억 원

2015년 전남의 KPI이다. 실질적인 표현이나 숫자는 일부 생략했다.

갑은 을보다 10㎝가 크고 체중은 5㎏ 더 나간다고 말한다는 것은 을의 키와 체중이 기준점이 되기 때문이다. 뭔가를 대비하기 위해서는 기준점, 척도가 있어야 한다. MBO(management by objectives)를 하기 위해 부서별 혹은 개인의 성과달성지수가 구체화되어 있어야 한다. 측정할 수 있는 지표나 도구가 없다는 것은 객관적인 평가를 할 수 없다는 뜻이기도 하다.

축구단에서도 성과측정지표가 있어야 한다는 생각으로 KPI(key performance indicator)를 만들어 관리해야겠다고 결심했다. KPI는 부서단위별로 버텀 업(하의 상달, bottom up) 방식으로 만들어온 지수를 나와 협의 조정하여 목표를 공감하도록 했다. 목표작성 방식은 SMART방식─Stretch(각자의 목표보다 늘려 잡을 것), Measurable(정량화하여 측정 가능한 것), Accepted(직원들이 납득할 수 있는 것), Resource(경영 자원이 뒷받침될 수 있는 것), Time(언제까지 하겠다는 시간 설정)─으로 만들었다.

부서별 KPI만 있는 것은 아니다. CEO의 연간 KPI도 있어야 연말에 부끄럽지 않기 위해 열심히 뛰지 않겠는가!

제3장 운영상 문제점을 지속적으로 개선하다

027
시작이 반이다

수신및참조	없음 ▶수정
시 행 자	없음 ▶수정
시 행 일 자	2014-01-02 ~ 2014-01-02
제　　　목	2014년 시무식 계획(건의)

1. 일　　시 : 2014년 1월 6일(월) 11:00~13:00
2. 장　　소 : POSCO 교육관 105호 대 강의실
3. 참석대상 : 69명(프로선수 및 코칭스텝 39명, 유소년 지도자 8명, 사무국직원10명, 기타지원스텝12명)
4. 일정계획표

구 분	시 간	비 고
국민의례	11:00~11:03	국기에 대한 경례만 실시
유공직원 표창	11:03~11:06	2명
회고와 반성	11:07~11:15	2013년 Best & worst 사례 영상(7분)
비전 및 2014년 목표	11:15~11:20	화면을 통해 설명
엠블럼 변경 선포	11:20~11:25	
2014년 유니폼 공개	11:25~11:30	화면 및 실제착용모습 공개
신년사	11:30~11:35	CEO
신년 격려사	11:35~11:40	OOO 시외원
신규영입선수 인사 및 선수대표 각오	11:40~11:55	신규영입선수 :10명 선수대표 각오 :이승희선수
사진촬영	11:55~12:00	전체기념사진 촬영
중식	12:10~13:00	유소년 클럽하우스 식당

5. 유공 포상 실시
   - 인　　원 : 2명(OOO 프로 장비사, OOO 운동장 관리요원)
   - 포상훈격 : 사장표창
   - 부　　상 : 상금 000,000원/인. 마침.

참 조 문 서	선택된 문서가 없습니다.

2014년 시무식 계획은 고민을 매우 많이 했다.

프로구단은 시무식을 하지 않았다고 한다. 12월 초에 선수들 휴가가 시작되고, 그동안 선수 이적과 보강으로 선수단 구성도 제대로 되지 않아 큰 의미가 없다고 한다.

'시작이 반'이라는 말이 있다. 시무식 50%, 전지훈련 50% 가 그 해 전남의 한 해 농사를 다 짓는 것과 같다는 생각이 들었다. 프런트, 감독 및 코치, 기존 이동이 없는 선수들, 유소년 지도자 등을 참석하도록 하여 시무식을 했다. 시작이 반이 아니라 전부일 수도 있다. 시작을 한다는 것은 이미 결과를 예측하기에 시작하는 것이다. 이익을 예측하지 않고 기업이 투자하는 경우는 없는 것이다.

나는 자율과 창의도 중요하게 생각하지만, 일정한 형식을 갖추는 것도 중요하다고 본다. 군인에게 제식훈련이 반드시 필요하듯이 시무식은 모든 조직에서 필요한 행사이다. 물론 그 방법과 형태는 조직의 특성을 고려하여 진행하면 된다. 시무식에서 나는 다음과 같이 이야기했다.

새 시즌을 앞두고 내가 할 일은 여기까지입니다. 이제 남은 기간 동안 팀을 만들고 성과를 내는 것은 여러분의 몫입니다.

028
주장 완장은
직접 채워준다

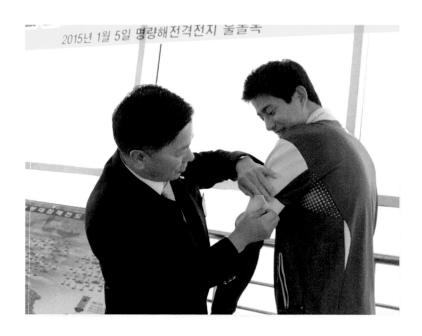

2015년 1월 초, 주장으로 선정된 방대종 선수에게 필자가 직접 주장완장을 채워주고 있다.

주장의 조건에 대해서 2015년 1월 5일 조이뉴스 최용재 기자가 쓴 글이 있다.

> 팀을 아우를 수 있는 리더십. 팀을 위기에서 구해낼 수 있는 카리스마, 코칭스태프와 선수들 사이에서 소통할 수 있는 커뮤니케이션 능력, 그리고 팀을 위한 희생, 배려, 인내 등이 좋은 주장으로서의 조건들이다. …(중략)… 캡틴이 되기 위한 우선적인 조건, 바로 '경기력'이다. 축구뿐만 아니라 모든 팀 스포츠에서 적용되는 원칙이다.

이처럼 모든 팀 스포츠에서 '주장'의 역할은 중요하고 팀에 상당한 영향력을 미칠 수 있다. 축구 또한 마찬가지다. 이러한 중임을 맡는 주장을 선정하고 나서 경기 전에 그냥 한쪽 팔에 주장완장을 차고 나가라는 것은 단순 표식일 뿐이지, 리더십을 발휘하라는 진정한 의미가 부여되지 않는다고 생각되었다.

의식이 정신을 지배한다는 말이 있듯이 사소한 것이지만 나는 생각을 달리함으로써 매우 큰 효과를 얻을 수 있다고 본다. 주장에게 팀 전체의 의무감과 신뢰를 표시하기 위해 2014년부터 매년 사장이 직접 주장 완장을 달아주는 행사를 전 선수들 앞에서 실시했다.

029
광고를 유치하려면
발품을 팔아야 한다

세계 **프로축구구단** 수입 상위10

2012~2013 시즌, 단위: 만 유로

순위	구단	리그	수입
1	레알 마드리드	(프리메라리가)	총액 5억1,890
2	FC 바르셀로나	(프리메라리가)	4억8,260
3	바이에르 뮌헨	(분데스리가)	4억3,120
4	맨체스터 유나이티드	(프리미어리그)	4억2,380
5	파리 생제르망 FC	(리그앙)	3억9,880
6	맨체스터 시티	(프리미어리그)	3억1,620
7	첼시 FC	(프리미어리그)	3억340
8	아스날 FC	(프리미어리그)	2억8,430
9	유벤투스 FC	(세리에 A)	2억7,240
10	AC 밀란	(세리에 A)	2억6,350

자료 / 회계법인 딜로이트

이재윤 기자 / 20140123
@yonhap_graphics(트위터)

연합뉴스

2014년 1월 23일 〈연합뉴스〉 기사를 인용했다. 회계법인 딜로이트는 레알 마드리드가 2012~2013시즌 총 5억 1,890만 유로(약 7,531억 원)를 벌어들였다고 밝히면서, 이 중 광고수입 2억 1,160만 유로로 41%, 방송중계권 1억 8,830만 유로, 입장권 1억 1,900만 유로 순이었다고 했다.

유럽 대부분의 프로축구단의 주요 수입원은 광고수입, 중계권료, 입장권수입이 주종을 이룬다. 전남의 경우 중계권료는 상상도 할 수 없고 오히려 방송사에 실비를 지급해야 한다. 입장료도 인근 지역에서 오는 관중이 많지 않아서 구단 수익에 큰 영향을 미치지 못한다.

결국 가장 중요한 것이 광고수입이어서 구단 경영자가 혼신의 노력을 기울여야 할 대목이다. 나는 내가 직접 다녀야 할 기관, 단체, 회사를 선정하여 발품을 팔러 다녔다. 제조업은 팔 물건이라도 가지고 와서 사달라고 요청을 하는 데 반해 내가 파는 것은 상품의 실체는 없고 거의 설명에 근거한 광고판매라 참으로 이해시키기가 어려웠다. 광고도 주지 않으면서 '축구단은 뭐하러 운영합니까?'라며 남의 쪽박 깨는 이야기를 들을 때는 7년 끊었던 담배를 다시 피워야 하는가, 라는 생각도 들었다.

서울, 인천, 광주, 성남, 포항, 창원, 목포, 여수, 순천 등에 있는 수십 개의 회사와 기관들을 방문했다. 많은 성과를 올리기도 했지만, 한 가지 분명한 사실은 아침에 집을 나올 때는 자존심을 두고 출근해야 한다는 것이다.

030
전라남도와 순천시의
광고를 유치하다

100년의 도약, 시계로! 미래로! 光陽

광양시는 백제시대에는 마로(馬老), 통일신라시대에는 희양(晞陽), 고려시대부터는 광양(光陽)으로 불려왔는데 "마로"는 우두머리, "희양, 광양"은 파스하게 빛나는 햇살이라는 뜻을 지니고 있다. 1995년에 통합된 광양시로 새출발 하였으며, 21세기 해양시대를 맞아 동북아시아의 물류거점 항만도시로의 커다란 도약이 기대되는 고장이다.

도시가 아닙니다. 정원입니다. 순천!!

순천은 세계 5대 연안습지이자 생태계의 보물이라 할 수 있는 순천만을 비롯하여 많은 자연 문화유산을 보유하고 있습니다. 순천만정원은 순천만과 함께 동천~봉화산 들레길로 이어져 도시 전체가 하나의 큰 정원이 되었습니다. 대한민국을 대표하는 정원으로서 정원문화의 진수를 보여 주게 될 순천만정원에서 가족, 친구, 연인과 함께하세요.

삶이 풍요로워지는 도시! 생명의 땅, 청년이 돌아오는 전남입니다.

전라남도는 동북아시아의 대한민국 서남부에 위치하고 있습니다. 바다 건너 서쪽으로는 중국과 마주하고 있고, 동남쪽으로는 일본이 자리하고 있는 동북아의 중심이자 유라시아 대륙의 기점이며 태평양으로 진출하는 관문입니다. 우리 전남은 수려한 다도해와 청정해역, 널따란 들녘과 넉넉한 인심을 가진 사람들이 함께 모여 살아가고 있습니다.

http://dragons.co.kr/club/image/sp_04.gif

2014년까지 광양시에서만 광고 스폰을 받았으며, 2015년부터 전라남도와 순천시를 추가하여 세 개 지방자치단체에서 광고 스폰을 받고 있다.

앞서 말했듯이 전남드래곤즈는 전라남도 광양시에 위치한 축구단이다. 광양시는 전남 창단 초기부터 지속적으로 광고스폰서 역할을 해 주었다. 참으로 고마운 일이다. 그런데 광양시를 제외한 전남지역 다른 지방자치단체에서는 스폰을 해 준 적이 없다.

'전남'이라는 문구가 새겨진 유니폼을 입고 전국 방방곡곡을 다니면서 홍보해 주는 효과를 고려하면 전라남도에서 일부 광고지원을 해 주는 것이 타당하다는 생각이 들어 지속적으로 도청에 협조를 요청했다. 그 결과 2015년 창단 20년 만에 처음으로 전라남도를 광고 스폰서로 유치할 수 있었다.

아울러 순천만 정원이 국가정원으로 지정된다는 큰 행사를 적극 홍보하고 선수단이 순천시 행사에 협조한다는 취지로 2015년에 처음으로 순천시로부터 광고 스폰을 받았다.

혹자는 광양시에 있으면서 다른 지방자치단체의 광고를 유치한다고 오해할 수가 있으나, 프로구단은 광고수입이 중요하다. 광고가 많으면 좋은 선수들을 보강하여 재미있는 경기를 하게 되고, 그 결과 광양시민들이 경기 관람을 즐길 수 있게 되는 것이다.

031
자존심 상하는
최저가 입장료

어웨이 경기에서 현장 발매되는 입장권을 수집한 것이다.

몇 번 언급한 것처럼 입장수입은 구단 수익의 3대 중요원천이다. 입장수익 총액은 관중 수와 입장료에 비례하게 된다. 만약 한 구단의 홈경기 유료관중이 2만 명인 경우와 전남이 2,000명인 경우, 홈경기 각각 20경기, 입장료가 1만 원이라고 가정한다면 연간 입장수익 총액 차이는 36억 원 차이가 난다.

이와 같이 입장수익을 늘리기 위해서는 관중을 많이 유치하거나 입장료 단가를 올려야 한다.

전남의 입장료는 2014년까지 7,000원이었다. 6년 동안 7,000원이었다고 한다. 타 구단의 입장료와 대비를 해서 턱없이 싼 것도 문제지만, 전남의 축구경기라는 동일한 콘텐츠로 원정경기는 1만 2,000원, 홈경기는 7,000원이라는 데 자존심이 상했다. 홈구장에서 전남이 너무 가치를 인정받지 못한다는 느낌이 들었다. 우스갯소리지만 다른 지역 대비 너무 저렴한 입장료는 역으로 공정거래 위반이 아닌가 하는 생각도 했다.

입장료를 인상하면 상당한 큰 저항에 부딪힐 거라는 의견이 많았지만 전남 경기에 대한 자존심을 회복하고자 입장료를 인상 조정하여 2015년부터 시행했다.

032

구단 기념품이
세 가지뿐이라니…

http://dragons.co.kr/images/news/141030_sale.jpg

구단 기념품과 관련하여 4종 패키지 판매 및 할인판매를 하는 행사를 별도로 추진했다.

구단에서 판매하는 기념품을 확인해 보니 유니폼 레플리카, 응원 머플러, 사인볼, 세 가지가 있었다. 다른 구단 홈페이지를 조사해 본 결과, 전남의 기념품은 너무 빈약하게 보였다. 왜 그런지 사유를 분석해 보니 대도시가 홈구장인 타 구단 대비 광양시 주변에 인구가 적어 수요가 적고, 한번 만들면 안 팔려서 재고가 많이 남아 항상 적자를 본다는 것이다.

그러나 프로축구단이기에 기본은 갖추어야 한다는 생각으로 현행과 같은 일상판매 기념품, 한정수량 제작품, 주문제작 판매품 세 종류로 나누어 제품 수를 늘려 판매하도록 했다.

그리고 판매촉진을 위해 보다 적극적인 광고문구를 넣었다.

- 20주년 기념 엠블럼을 가슴에 새긴 레플리카

- 따뜻한 커피와 시원한 음료를 마실 수 있는 노란 머그컵

- 추운 겨울 나를 따뜻하게 감싸주는 멋스러운 머플러

- 뜨거운 여름을 시원하게 해 줄 고급 면 반팔 티셔츠

- 선수와 함께하는 선수용 트레이닝복 3종

- 기념품의 소장 가치를 높여주는 20주년 패넌트

- 누구나 갖고 싶어하는 드래곤즈만의 노란 사인볼

- 내 가슴에 드래곤즈를 새긴다, 엠블럼 배지

제3장 운영상 문제점을 지속적으로 개선하다

033
원정경기는
반드시 1박 2일로?

http://www.kleague.com/upload/Editor/_2015814201029.jpg

종전처럼 원정경기 시 광주에서 1박을 하고 다음 날인 2015년 5월 3일 한 경기는 3:2로 전남이 패배했
고, 개선 후 8월 12일 광주에 당일로 가서 한 원정경기는 무승부였다.

모든 원정경기는 1박 2일로 가는 것을 바꾸는 데 무려 1년이라는 시간이 걸렸다. 과거에는 도로나 교통여건이 미비해서 전날 호텔에서 1박을 하고 다음 날 경기를 하던 것을 20년 동안이나 습관적으로 계속해 오고 있었다. 당일 가면 컨디션 저조로 경기에서 이길 수 없다는 것이다. 이런 논리라면 전날 가서 경기를 하면 반드시 이길 수 있는지를 묻고 싶었다.

선수를 관리하는 구단 프런트나 지도자들은 항시 어떠한 방법이 당일 선수들의 컨디션을 극대화할 수 있는가를 잘 생각해 보아야 한다. 나는 호텔방에 1박 2일 있는 것은 클럽하우스에서 지낼 때보다 절대적으로 컨디션 조절이 어렵기 때문에 가급적 클럽하우스에서 오래 체류하다가 이동하여 경기에 임하는 것이 좋을 것 같다고 생각했다.

감독과 프런트를 여러 차례 설득하여 클럽하우스에서 150㎞ 이내 들어오는 광주와 전주에서 치르는 야간경기는 당일에 가서 경기하는 것으로 했다. 원가절감 효과를 의도한 바는 아니지만 수천만 원의 원정경기 경비도 절감하는 결과를 부수적으로 가져왔다.

제3장 운영상 문제점을 지속적으로 개선하다

034
매년 해외로
나가는 동계훈련

K-리그 팀들 동계훈련 세가지 화두는…

1 이적 공백 최소화

2 패배의식 탈피…

3 전술 완성도 극대화

K-리그 동계 훈련은 밑그림이다. 각 팀별로 체력 및 경기 감각 끌어올리기 등 기본적인 훈련을 수행한다. 이것만 하는 것이 아니다. K-리그 클래식 12개팀들을 살펴보면 저마다 우선해결해야할 과제들이 있다. 크게 이적 공백 최소화, 패배의식 탈피, 전술 완성도 극대화 3가지로 분류할 수 있다.

2014년 1월 3일 〈스포츠조선〉 이건 기자의 기사를 인용했다.

대한민국 초·중·고, 대학교, 실업축구팀이 겨울이 되면 따뜻한 광양으로 전지훈련을 오는데 광양이 홈인 전남이 이곳을 떠나 해외로 전지훈련을 가겠다는 계획이 올라왔다. 20년간 다녀왔으니 올해도 간다는 생각으로 계획을 짠 것 같았다. 그래서 누가 보아도 타당한 목적을 나름대로 생각한 후 다시 가져오라고 했다.

프런트에서는 이것을 가지고 많은 고민을 했지만 이 과정에서 해외 전지훈련 추진 목적에 대해 재조명해 보는 기회를 스스로 가지게 된 것이다.

> 첫째, 리그가 끝나고 한 달간의 선수단 휴가로 흐트러진 몸을 집중적으로 만들 시간이 필요하다.
> 둘째, 이적 공백을 최소화하고 기존 선수와 영입 선수 간의 조화를 도모하여 전술완성도를 높인다.
> 셋째, 외국 클럽팀과의 실전경기경험 축적으로 새로운 시즌을 대비한다.

상기 세 가지 목적을 극대화하기 위해 종전 4주간의 해외 전지훈련을 해외 3주+제주도 1주로 전환하여 제주에서 마지막으로 실전경기경험을 많이 쌓는 방향으로 전환했다. 그리고 매년 동일하게 가는 해외 훈련장소도 새로운 기분이 들도록 장소를 변경해 보도록 했다.

035
한 번도 출전하지
못하는 선수

[서호정의 현장에서] 슈틸리케의 고집과 철학, 공한증을 다시 깨웠다

슈틸리케 매직에는 배려도 숨어 있다. 이날 대표팀 선발라인업에는 주중 경기를 뛰고 온 J리거들은 전원 제외됐다. 일본 대표팀이 체력 문제로 북한에게 역전패를 당한 것을 보면 슈틸리케 감독의 선택은 적중한 것이다. 철두철미한 계획과 접근이 승리의 가능성을 높인다. 경기 후 슈틸리케 감독은 "한국에 있는 K리그의 선수들이 이 경기를 보고 좋은 생각을 했으면 좋겠다. 본인들이 잘 하면 대표팀에 올 수 있는 문을 항상 열려 있다"고 말하며 대표팀의 잠재적 후보군에도 강력한 동기부여의 메시지를 남겼다. 또한 "오늘 경기를 치르고 보니 우리가 우승할 수 있을 것 같다"며 중국전을 위해 숨겨 온 진심을 보이기도 했다.

2015년 8월 2일 동아시안컵 축구대회에서 한국이 중국을 2:0으로 이긴 후 서호정 기자가 쓴 글이다.

한 팀 내에서 동일한 포지션에 있는 모든 선수들의 실력이 동일하지 않고 기량 차이가 있어 일부는 경기에 제대로 나가지 못하고 있다. 누가 들으면 우문이라고 할지 모르지만, 나는 한 팀 내에서 그것도 감독이 필요하다고 데리고 온 프로선수라면 전원이 출전 가능해야 되는 것 아니냐는 질문을 한다.

출전기회의 공정성이 동기부여로 이어진다. 2015년 동아시안컵 대회에서 한국 대표팀 슈틸리케 감독의 "K리그의 선수들이 잘하면 대표팀에 올 수 있는 문은 항상 열려 있다."는 말은 모든 선수에게 동기부여를 하는 데 있어 절대적인 부분이다.

항상 말하지만 동기부여는 공정성에서 출발한다. 학자들은 대부분의 사람들이 '분배공정성'보다는 '절차공정성'에 더 동기부여가 된다고 말한다. 나는 1년에 세 번 이상은 모든 선수들이 선발출장을 할 수 있는 기회를 주도록 하고 그렇지 못한 선수는 내년에 우리 팀에서 볼 수 없을 것이라는 이야기를 했다. 선발이 불투명하면 선수들이 자기 몸을 출격대기 상태로 만드는 것을 등한시하여 전반전에 교체당하는 굴욕을 당할 수 있다.

036
임대선수가
하나도 없다

광주FC 성벽 뚫을 공간이 없다
전남서 DF 정준연 GK 류원우 임대 영입
3일 전지훈련 합류   역대 최강 전력구축

프로축구 광주FC가 막바지 영입에 나서며 역대 최강 전력을 구축했다.

광주는 2일 전남 드래곤즈로부터 수비수 정준연(26), 골키퍼 류원우(25)를 1년간 임대영
입하기로 했다고 밝혔다.

http://www.gjdream.com/v2/news/view.html?news_type=201&uid=452727

2014년 2월에 전남 류원우 선수(왼쪽)와 정준연 선수(오른쪽)가 광주로 임대되었다.

리그에서 임대제도가 활성화되어 있지 않다고 하는데 이는 내가 먹기는 뭣하고 남 주기는 아깝다는 이야기와 일맥상통한다. 우리 팀에서 잘하지 못하는 선수가 임대간 팀에서 잘하면 손해를 본다는 인식 때문일 것이다. 전남 역시 임대 보내거나 임대로 데려온 선수가 한 명도 없었다.

현재의 소속팀에서 주전 자리가 없어 계속 후보로 있게 되면 경기 감각이 떨어지고 선수기량 발전이 정체된다. 축구발전이라는 큰 틀에서 임대제도를 통해 실전 경험을 쌓도록 해 주어야 한다. 아울러 임대제도는 선수 한 명을 보유하는 데 대한 의식주 고정비용을 절감시키고 경우에 따라서 적정한 임대수익을 창출시킨다는 이점이 있다.

경영의 논리만으로 이렇게 주장하는 것은 결코 아니다. 축구라는 공동의 업을 하고 있는 구단들은 스스로의 밥그릇을 키워나가야 한다고 생각되어 감히 주장해 보는 것이다. 전남은 2014년에는 2명을 임대로 보냈으며, 2015년에는 2명을 임대를 보내고 2명을 임대로 보강했다.

제3장 운영상 문제점을 지속적으로 개선하다

037
프런트 직원도
프로다워야 한다

전남 직원들은 매주 월요일 축구에 관한 실전 지식을 별도로 공부하고 있다.

축구단에 근무하면서 여러 가지 관련된 업무를 처리하는 프런트 직원들이 축구에 대해서 잘 모르거나 이해하지 못한다면 일하는 효율성이 당연히 떨어질 것이다. 철강업에 종사하는 스태프의 경우에도 직접 철을 만드는 공정에서 일하지는 않지만 전반적인 프로세스는 이해하고 이에 따른 적정한 지원을 하고 있다.

무릇 모든 일의 성과를 내기 위해서는 그 일 자체가 재미가 있고 즐거워야 한다. 취미생활을 하면 노력을 쏟고 힘이 들어도 그 자체가 재미가 있기에 힘든 것도 잊은 채 잘 극복한다. 축구단 일을 잘하기 위해서는 축구와 관련된 지식을 갖추어야 즐겁게 일할 수가 있다. 직원들이 축구단에 근무하면서 축구 역사나 규정도 잘 모르면서 상식적인 이야기를 하는 것은 창피한 일이다. 프로축구단에 근무한다면 구사하는 용어부터 프로다워야 하는 것이다. 그래서 별도의 공부가 필요하다. 나 역시 축구의 유래, K리그 역사, 경기규칙, 대회종류, 심판육성 등에 대해 상세히 조목조목 공부하는 시간을 마련하여 직원들과 함께하고 있다.

038

이임식 없이
물러나는 감독

2014년 11월 29일, 전남 감독 이취임식이 광양 호텔필레모에서 열렸다. 신임 노상래 감독이 전임 하석주 감독에게 꽃다발을 전해 주고 있다.

하석주 감독이 그만두고 노상래 감독이 취임할 때, 직원들이 나에게 "취임행사는 있는데 이제까지 이임행사를 한 적은 없습니다."라고 말했다. 퇴직한 사람들이 말하기를 퇴직할 때 섭섭하게 하면 그 섭섭함이 오래간다고 한다. 3년 가까이 고생하고 떠나는 감독을 위한 이임행사를 하지 않는다는 것을 듣고 내가 더 섭섭했다.

하석주 감독 이임 행사당일, 행사장은 발 디딜 틈이 없을 정도로 많은 분들이 참석해 주었다.

하 감독은 이임사를 통해 "올 시즌 전남을 6강에 올려놓고 멋지게 물러나고 싶었는데, 목표로 삼았던 6강에 들지 못한 게 두고두고 아쉽다. 하지만 신임 노상래 감독이 훌륭하게 해 주리라 믿기 때문에 홀가분하게 떠날 수 있을 것 같다. 떠나는 사람보다는 있는 사람이 더 중요하다. 노상래 감독이 이끄는 2015년 전남은 분명 어느 팀도 쉽게 넘볼 수 없는 강팀일 것이다."라고 당부와 건승을 빌었다.

이 모습이 얼마나 아름다운 장면인지를 행사에 참석한 사람들은 모두 알았을 것이다.

039
700경기 행사를
의미 있게 치르자

2015년 7월 26일 전남 홈경기에서 김병지 선수가 프로 통산 700경기를 출전했다. 기념행사의 일환으로 출전선수 전원이 배번 700번 유니폼을 착용했다.

김병지 선수의 700경기 출전 행사장에서 700경기를 출전하는 김병지 선수가 축하를 받을 일인지 아니면 이러한 역사적인 순간에 함께 있는 내가 축하를 받아야 되는 것인지 궁금했다.

한국 축구사에 길이 남을 기념비적인 행사는 700경기'답게' 해 주어야 한다. 의미를 담은 행사는 항상 상대를 고려해서 준비해야 한다. 형식적이고 공감대 없는 행사는 지양할 것을 주문하고, 행사내용, 준비상태, 입장객 기념품 등 세세한 것까지 직접 챙겼다. 더불어 당일 제주와의 경기를 3:1로 승리하면서 후배들이 승리라는 기념 보너스를 주어 김병지 선수로서는 잊지 못할 700경기가 되었을 것이다.

이날 경기는 김병지 선수가 1992년 프로로 데뷔한 지 24년 만에 K리그 700경기 출장 기록을 세운 것이다. 700경기 출장은 전대미문의 기록으로 2위를 기록한 최은성의 532경기와도 150경기 이상 차이가 난다. 게다가 2위부터 5위까지는 이미 은퇴한 선수들이어서 당분간 700경기 출장 기록은 깨지기 어려울 것이다.

040
광복 70주년을
지역민과 함께하다

광양시 백운로 육교에 광복 70주년 기념 무료입장 현수막이 걸려 있다.

뉴스를 시청하던 중, 광복 70주년을 맞아 정부가 전날인 14일을 임시공휴일로 지정하여 고속도로통행료 면제, 국립공원 및 고궁 무료입장 등을 추진하고, 태극기 달기 등 70주년을 대대적으로 기념한다는 내용이 나왔다. 반사적으로 전남도 광복 70주년을 기념하는 정부사업에 동참해야겠다는 생각이 들었다. 그동안 지역사회의 일원으로서 다양한 활동들을 했지만 큰 행사를 한 바는 없었다.

2015년 8월 15일은 토요일로, K리그 클래식 3경기가 예정되어 있었고 이날 전남의 홈경기도 있었다. 그동안 전남을 응원하는 팬들의 성원에 보답하고, 지역민들이 가족과 함께 즐거운 시간을 축구장에서 보낼 수 있도록 '무료입장'을 추진했다.

3일간의 연휴인데도 평균관중을 넘어서는 6,715명의 관중이 찾아 응원해 주셨다.

그날 이후 많은 지역인사들이 무료입장에 대한 긍정적인 의견을 주었다. 지역관계에서는 자주 만나는 '도수율'도 중요하만, 간혹 기억에 오래 남는 '강도율'이 큰 행사를 진행하는 것도 좋은 결과를 가져왔다는 생각이 들었다.

연장전
Extra time

제4장

· · ·

축구에 대한
이해를
추구하다

리빌딩과 문제점 개선이라는
전·후반 경기가 끝이 났다.
90분 내내
축구경기를 직접 관전하고,
이해당사자의 이야기를 들으며,
전문가의 지혜도 빌렸기에
이제 연장전에서는
축구 그 자체에 대한
이해를 추구하고자 한다.

041
기본적인 하드웨어를
이해하라

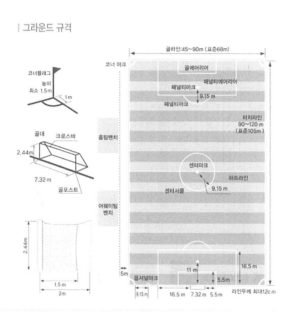

| 그라운드 규격

2015년 한국프로축구연맹 수첩 부록

축구는 현존하는 모든 구기 종목 중 가장 간단한 규칙으로 경기가 진행되는 종목이다. 단순하게 생각하면 손을 사용하지 않고 상대방 골대에 공을 집어넣으면 되는 경기이다. 조금 어려운 규칙은 오프사이드 규칙(다음 쪽에서 별도설명)으로 사실 전문가가 아니라면 그냥 단순히 경기를 보면 된다.

일반 관중이나 팬들은 선수의 복장규칙을 알 필요가 없다. 경기장 시설 기준을 알 필요도 없다. 오직 경기를 보고 즐기면 되는 것이다. 그러나 이 장의 시작이 '축구에 대한 이해를 추구하다'라고 되어 있으니 최소한 축구장 규격에 대해서는 알고 가자는 취지에서 설명해 본다.

축구장의 표준규격은 터치라인 105m와 골 라인 68m의 4:3 비율의 직사각형 구장이다. 축구장 규격은 일정한 것이 아니라 조금씩 차이가 있다. 경기장은 규격 적합성을 사전에 승인하여 운영되는 고정형 시설이지만 이 기회에 알아두는 것도 나쁠 것은 없다.

042
필요악,
오프사이드

http://cfile29.uf.tistory.com/image/123D08234C19D2354091D4

2010년 6월 11일 남아공 월드컵개막전, 남아공과 멕시코의 경기

offside position: A player is in an offside position if he is nearer to his opponents' goal line than both the ball and the second-last opponent.

상대편 진영에 서 있는 선수가, 그의 상대편 골 라인으로부터 공과 최종 두 번째 상대편 선수보다 골 라인에 더 가까이 있을 때 오프사이드 위치(offside position)가 된다.

오프사이드 규칙 위반은 오프사이드 위치에 있는 선수가 팀 동료에 의해 패스나 터치되었던 공을 다시 플레이한 경우, 상대의 시선을 가로막거나 공을 목적으로 상대에게 도전하여 방해한 경우, 골 포스트, 크로스바, 상대 선수의 몸에 맞고 나온 공을 가지고 이득을 본 경우, 이 세 가지이다. 오프사이드 규칙 위반이 아닌 경우는 골킥, 스로인, 코너킥을 할 경우이다.

내가 설명하면서도 어렵다는 생각이 들 정도이니, 독자 여러분들은 그림이나 동영상 없이 설명만 가지고는 이해가 가지 않을 것이다.

축구에서는 선수들이 그라운드에서 순간적인 상황에 대응하여 전술을 운영하지만, 오프사이드 규칙을 위반하지 않기 위해서 계획된 전술, 패스, 스피드 등이 필요하고 이것으로 인해 축구라는 경기를 더 흥미진진하게 만드는 것이다. 축구의 개인기술이나 전술은 오프사이드에 걸리지 않고 어떻게 더 효율적으로 공격하느냐를 연구하면서 지속적으로 발전해왔다.

043
역사와 전통이
중요하다

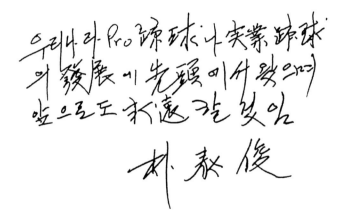

2009년 포스코 박태준 전 회장님이 포항스틸러스를 방문하여 남긴 기념휘호로 포항구단이 소장하고 있다.

포항스틸러스가 2009년 6월 국제축구역사통계연맹이 선정한 '이 달의 세계 최고 클럽'으로 선정된 후, 포항 홈경기를 관전하러 온 박태준 전 회장님께서 다음과 같은 글을 남겼다.

> 우리나라 프로축구나 실업축구의 발전에 선두에 서 왔으며 앞으로 도 영원할 것임.
>
> − 박태준

과거에 포스코가 운영하는 프로축구단이 한국축구에 있어 어떤 역할을 했는지를 명확하게 보여주는 대목이다.

키플링(Joseph R. kipling)은 "모든 나라의 국민은 종국엔 그들의 과거의 그림자를 닮아간다."고 했다. 어느 조직이든 이러한 역사의 발자취가 하나씩 모여서 바로 전통이 되는 것이다. 그래서 구단의 역사와 전통이 무엇인가가 중요하다. 포항스틸러스의 팬들의 자부심은 대단하다. 그들은 그들의 역사를 엠블럼 위에 다섯 개의 별로서 최고의 구단이라는 전통을 이어가고자 한다. 전남도 한국축구 발전에 이미 20년을 기여했다. 그러나 전남의 가슴에는 별이 하나도 없다. 가슴에 별빛을 발하기 위해서는 모든 이해관계자의 관심과 구단의 창의적인 노력이 더욱더 요구된다.

044

책 속에
길이 있다

전남에서 내가 읽었던 책 중 일부이다. 좋은 내용은 직원들도 함께 읽을 것을 권장했다.

짧은 기간에 전문지식을 용이하게 얻을 수 있는 것은 바로 책이다. 책은 수많은 전문가가 그 분야에 대한 경험과 연구결과들을 문헌으로 정리해 놓은 것이다. 새로운 업종에 종사하게 되면 현업을 통해 해당 비즈니스에 대한 지식을 얻을 수도 있지만 그와 관련된 책을 섭렵하는 것도 좋고 빠른 방법이다. 그리고 용어의 정의에 대해 빠른 시간 내에 파악해야 한다. 동일한 업종 내에서 용어에 대한 명확한 이해가 없으면 의사소통이 지연되기 십상이다.

인터넷을 뒤져서 축구와 관련된 책을 100여 권 구입하여 읽기 시작했다. 여러 종류의 책을 읽어본 결과, 축구단에 처음 온 사람이라면 반드시 읽어야 할 다섯 가지 유형의 책을 소개해 본다.

- 축구에 대한 기본적 내용이 담긴 책
- 축구단 경영자가 구단운영을 기술한 책
- 감독이 선수단 지도 경험을 담은 책
- 축구단 매니저나 에이전트가 쓴 책
- 유명 프로선수의 성공 이야기를 담은 책

경영자라면 자신이 잘 모르는 분야에 대해 평소보다 더 열심히, 많은 양을 공부해야 한다. 실력 없는 자존심만큼 비참한 것은 없기 때문이다.

045
축구에
열광하는 이유

　　축구경기에 대한 이러한 전반적 분석의 결과, '축구의 비밀'이 무엇이 나는 물음에 대답하려는 첫 번째 잠정적 시도가 나타난다. 우리는 축구 는 한마디로 그저 최고의 놀이이기 때문에 사람들을 열광시킨다고 대담 하게 주장할 수 있다. 그리고 그 이유는 이렇다. 축구는 간단하게 경기 하고 이해할 수 있기에, 그럼에도 불구하고 그 진행은 언제나 변화무쌍 하고 복합적이고 까다롭기에, 공이 그 자체 운동에 있어서 경기 진행을 함께 규정하기에, 발의 불완전함 때문에 까다로운 재간과 빈약한 실패 가 서로 인접하고 있기에, 필드가 각 팀에 의해 체계적으로 분할되면서 도 여전히 다채로운 즉흥 행위를 위한 공간을 제공하기에, 결코 확고하 게 소유되지 않는 공을 뺏고 뺏기는 일이 지속적으로 일어나기에, 마지 막으로 골이 드물어서 지극히 귀한 가치를 지니기 때문에.

크리스토프 바우젠바인, 『축구란 무엇인가』, 민음인, 2013, 142쪽 사람들이 축구에 열광하는 이유는 무엇인가에 대해 전문가가 일곱 가지로 요약한 것을 야구와 비교해 본다.

- 축구는 공을 차서 상대 골대에 넣는 간단한 경기임. (야구에서 아웃되는 경우가 여러 가지임.)
- 축구공은 어느 방향으로 진행될지 아무도 모름. (야구는 투수와 포수 사이에서 공이 주로 움직임.)
- 공이 그 자체로 운동에 있어 경기진행을 함께함. (야구는 공과 직접 관련 없이 서 있는 선수도 있음.)
- 발의 불안정성으로 재간과 실패가 함께 공존함. (야구는 손으로 하는 경기라 발보다 실패확률이 낮음.)
- 필드가 분할되어 다채로운 즉흥행위 공간을 제공함. (야구는 하나의 필드를 교대로 사용함.)
- 소유되지 않은 공을 지속적으로 뺏기 위한 공방이 이어짐. (야구는 공격팀과 수비팀이 정해져 있음.)
- 골이 드물어서 지극히 귀한 가치를 지님. (야구는 1:0도 있지만 20:0도 발생함.)

여하튼 축구는 야구와 달리 한 선수가 이틀 혹은 사흘 연속으로 경기를 할 수 없을 만큼 한 경기에 에너지를 많이 소비하는 열정적인 경기이다. 사람들은 그 열정에 반응하여 열광한다.

046

가장 기억에
남는 경기(The best)

http://dragons.co.kr/files/match/upfile10434.jpg

전남의 송창호 선수가 후반 43분에 결승골을 넣고 골 세리머니를 하고 있다.

2014년 5월 4일 전남:상주 경기에서 나의 독백이다.

0:1 어허, 선제골을 내주다니.

1:1 그럼, 동점골이 나와야지.

2:1 당연, 역전은 예상했던바.

3:1 역시, 승리를 굳히는구먼.

3:2 이런, 너무 여유가 있었어.

3:3 설마, 우째 이런 일이….

4:3 우와, 호흡이 멎는구나!

후반 43분에 송창호 선수가 1골을 추가해서 극적으로 이겼다. 축구에서 1골은 매우 귀중하다. 대부분 1골 차이로 승패가 결정되는 경우가 많다. 얼마나 귀중한 골인데 한 경기에서 3골을 넣고 진다면 오랫동안 그 충격이 가시지 않을 것이다.

공격이 최선의 수비라고 하면서 2골 차로 경기를 이기고 있다고 수비 중심으로 전환하여 화를 스스로 자초한 경기이다. 내가 귀중한 것을 가졌을 때, 이를 스스로 지켜내는 능력이 없다면 절대 강자일 수가 없다. 만약 이날 전남이 졌다면 나는 현장에서 앰뷸런스에 실려 나갔을 것이다.

047

가장 기억에
남는 경기(The worst)

JEONNAM **1** 스테보 (전02' | 도움: 안용우)   여름 (후22')
김영빈 (후42' | 도움: 이으뜸) **2** GWANGJU

http://dragons.co.kr/files/match/upfile10556.jpg

전남의 스테보 선수가(오른쪽에서 세 번째) 전반 2분 만에 선취골을 넣고 동료들의 축하를 받고 있다. 경기는 전남이 1:2로 역전패를 당했다.

2015년 6월 3일 전남:광주 경기에서 나는 세 가지를 잃었다.

첫째, 경기를 잃었다. 올해 챌린지에서 승격한 광주에게 2번 연속으로 졌다는 것은 앞으로 리그 순위경쟁에 상당한 치명타를 가져올 것이라 예상되었다.

둘째, 구단주인 포스코 김진일 사장님이 직접 와서 관전하는 날이다. 이날을 잡기 위해 다소 전력이 약하다고 생각되는 광주전을 준비했다. 슈팅 수에서 보듯이 14:3으로 일방적으로 경기가 몰렸다. 사장님은 20분이 지나자 전북:포항 경기를 스마트폰으로 보고 계셨다. 그날 90분 동안 사장님께 아무 이야기도 건네지 못했다.

셋째, 1년 내내 공들여 온 순천대 네임 데이 행사를 하는 날이었다. 순천대 총장과 보직교수 그리고 학생 500여 명을 초청했다. 순천대 학생들을 축구에 관심을 가지게 하여 그들이 향후 서포터즈 활동이나 다양한 마케팅활동을 할 수 있도록 하기 위함인데, 너무나 무기력한 경기를 보여주어 축구가 재미없다는 인식을 심어 주었다.

그야말로 삼재三災가 겹친 날이다.

048
오심도
경기의 일부

〈주간축구저널〉 2014년 10월 31일자 11면

축구경기에서 선수, 심판, 경기장, 이 3요소가 없으면 경기를 할수가 없다. 그래서 심판은 경기의 일부이고 심판의 판정도 경기의 일부이다. 대부분의 소속팀 관계자들은 판정과 관련하여 아전인수我田引水격 해석을 한다. 유럽에는 축구는 22명의 선수와 4만 명의 심판이 함께하는 경기라는 말도 있다. 관중 모두가 심판이라는 말이다.

심판은 경기를 공정하게 진행하겠다는 경우가 거의 100%일 것이다. 그러나 신이 아닌 인간이기에 심판도 실수로 오심을 할 수도 있다. 나도 심판의 불확실성을 게임의 일부로 받아들이는 데 무려 1년이 걸렸다. 처음 오신 각 구단의 CEO나 단장님들은 이런 부분을 격하게 항의하는 경우가 있다. 그렇다고 경기 성립의 3요소 중하나인 심판 없이 축구를 할 수는 없다. 다만 오심을 최소화하는 방향으로 연맹이나 각 구단이 의견을 모아가야 한다는 것이다.

한 가지 분명히 명심해야 할 것은 오심이 아닌 승패를 갈리게 하는 사소한 '작심'이라도 하는 날에는 스포츠 윤리를 떠나서 함께 공존해야 할 축구 생태계를 엎어버리는 것과 같다.

049
90분 경기는
관중과의 약속이다

MBC 교묘한 시간끌기…대회마다 반복되는 '침대축구' 논란

기사입력 2014-06-27 21:05   최종수정 2014-06-27 21:43   기사원문보기

1만 원을 내고 입장한 관중은 90분 경기를 보러 오는데, 경기시간이 60분이라면 3분의 1에 해당하는 30분의 입장료는 반환해야 타당하다. 내가 중학교에 다니던 시절, 영화 상영 중에 서너 번 필름이 끊겨 상영이 중단되는 경우가 발생하면 관객들은 휘파람을 불면서 항의하는 경우가 많았다.

축구의 경우도 경기중단으로 인해 평균 경기시간이 줄어든다면 재미가 없어져서 팬들이 외면하게 될 것이다. 선수들이 파울을 당해서 순간적으로 정신이 혼미해지거나 육체적 고통이 수반될 수 있다. 그러나 스프레이 몇 번 뿌리고 나면 벌떡 일어나서는 남은 경기시간을 다 소화한다는 것은 관중들로서는 이해가 잘 안 되는 대목이다. 프로선수들의 연봉 일부는 관중으로부터 나오는 것임을 잘 알아야 한다.

경기흐름을 방해하는 것을 방지하고 실제 경기시간을 늘리기 위해 우스갯소리지만, 30초 안에 안 일어나면 3분 퇴장, 의료진이 들어가면 5분 퇴장 등의 특별한 조치도 시험 삼아 해 볼 필요가 있다. 물론 이를 악용하는 상대 팀의 고의적인 파울을 방지할 대책이 필요하긴 하지만 말이다.

050
일희일비는
말아야 한다

2015년 7월 13일(위), 동년 8월 24일 신문 헤드라인(아래)으로 전남의 성적에 따라 대조적인 기사가 났다.

2015년 7월 말까지 전남은 3위를 유지했다. 동아시안컵 대회가 8월 초순에 열려 국가대표 차출로 인해 리그가 보름 동안 중단되고 8월 중순에 다시 시작되었다. 어떻게 보면 하반기 리그가 시작되었다고 할 수 있겠다. 8월 12일부터 상하위 스플릿이 나누어지기까지 얇은 선수층이 원인이 되어 10연전에서 5무 5패의 저조한 성적을 기록했다.

당시 홈팬들은 승패에 너무 민감하게 반응하면서 각각 관전한 한 경기를 전남의 전체 수준인 양 부정적인 의견을 쏟아내기 시작했다. 그러나 감독과 코치들은 리그 전체 경기를 운영해야 하며, 상대 팀 전술, 부상 선수, 경고누적 선수 등 여러 가지 변수를 고려하여 경기에 임하기 때문에 절대 한두 경기로 인하여 일희일비一喜一悲를 해서는 안 되는 것이다.

구단 CEO인 나는 성적이 좋지 않으면 성격상 밤잠을 설치지만 표정관리를 더 잘해야 한다. 그리고 절대로 경기내용에 대해서 감독에게 직접 이야기하지 않는다. 감독의 마음은 나보다 서너 배, 아니 수십 배 더 쓰리고 아플 것이다.

051
관중이 구단전력을
증대한다

2015년 3월 8일 홈 개막경기에서 광양축구전용구장 1만 3,500석 중 1만 2,608명이 입장하여 최근 5년 중 가장 많은 관중이 입장했다.

"경기만 잘한다면 관중이 늘 수밖에 없는 것 아닙니까?"

"계속 홈에서 승리를 한다면 관중은 점점 늘어나겠지요."

참으로 좋은 이야기이고 맞는 말이지만 현실여건이 전혀 반영되지 않는 의견들이다. 동일한 자원을 투입한 후 그 성과를 평가하는 것은 어느 정도 이해가 가지만 투입된 자원이 다른 경우에는 그것을 감안하여 평가해야 한다.

평상시에는 아무 관심이나 지지를 보내지 않다가 한 번 온 경기에서 경기력이 좋지 않거나 지기라도 하면 감독 및 선수단에 대한 비판이 많아진다. 선수들 중 지려고 경기에 나가는 사람은 한 사람도 없다. 경기결과가 그렇게 나왔을 뿐이다.

반대로 생각해 보면 관중들이 많아지면 선수들이 신바람 나서 경기를 잘하게 되고, 그에 따른 입장수입을 증가시켜 구단이 수준 높은 선수를 데려오게 만든다. 그래서 팀이 이길 수 있는 기회가 많아지는 것이다. 모든 분들이 이러한 선순환 과정을 생각해 준다면 정말 축구단 운영에 신바람이 날 것 같다.

052
제3의 고객을
잡아라

2. 지상파TV중계

라운드	일자	결과	장소	관중	방송사	시청률(집계:닐슨코리아)	
						수도권	전국
1	3/07 (토)	전북 2:0 성남	전주	23,810	KBS1	2.6	2.28
2	3/15 (일)	포항 2:4 울산	포항	19,227	KBS1	2.6	2.26
3	4/18 (토)	수원 5:1 서울	수원	26,250	KBS1	1.8	1.8
4	4/25 (토)	인천 1:1 포항	인천	5,407	KBS1	1.5	1.4
5	5/2 (토)	전북 2:0 수원	전주	30,410	KBS1	1.9	2.0
6	5/23 (토)	제주 3:2 전남	서귀포	8,543	KBS1	1.68	1.52
7	5/25 (월)	울산 2:2 포항	문수	7,145	SBS	1.32	1.25
8	6/20 (토)	성남 1:1 광주	탄천	1,593	KBS1	2.8	2.3
9	6/27 (토)	서울 0:0 수원	상암	39,328	KBS1	3.1	2.9
10	7/17 (금)	올스타전	안산	24,772	KBS2	4.6	4.6
11	8/12 (수)	수원 2:1 대전	수원	17,148	KBS2	2.12	2.28
12	9/12 (토)	전북 : 서울	전주		KBS1		
13	9/19 (토)	수원 : 서울	수원		KBS1		
		평균		18,512		2.36	2.24

구단별 중계 횟수

	수원	전북	서울	포항	울산	성남	인천	제주	광주	전남	대전	부산	계
H	3	3	1	1	1	1	1	1					12
A	2		3	2	1	1				1	1	1	12

시청률 추이
(지속 상승중)

평균 : 2.36

2.6

3.1

4.6

전북:성남

서울:수원　올스타전

2015년 8월 27일 K리그 클래식 구단대표자회의 자료 중 지상파 TV중계 시청률현황이다.

프로축구단의 입장에서 보면 세 가지 유형의 고객이 있다. 첫째는 관객이다. 경기 티켓을 구매하여 경기라는 콘텐츠를 현장에서 즐긴다. 둘째는 스폰서이다. 서비스를 직접 소비하는 것이 아니라 광고효과를 노리는 것으로 구단 매출에 크게 기여하는 중요한 고객이다. 셋째는 매스 미디어를 통해 경기를 시청하는 시청자들이다. 이들은 향후 직접 관전으로 전환 가능한 잠재적 고객이다.

2015년 KBS에서 처음 연간일정으로 프로축구경기를 중계하기 시작했다. 전국 평균시청률이 2.24%이고 전남경기 시청률은 1.52%이다. 전 국민을 5,100만 명으로 가정하면 77만 5,000명이 전남경기를 시청한 것이다.

관중이나 스폰서를 늘리는 것은 한계가 있다. 그러나 제3의 고객인 시청자는 그러하지 않다. 나는 2015년 프로축구연맹의 여러 가지 사업 중 가장 뛰어난 업적이 지상파 TV중계를 추진한 것으로 본다. 한술 밥에 배부를 수는 없듯이 당장 구단별 직접적인 수익은 없다. 그러나 올해가 마중물을 부은 첫해이기에 모든 구단이 힘을 합쳐 열심히 펌프질해야 할 것이다.

053
리그에서
살아남는 법

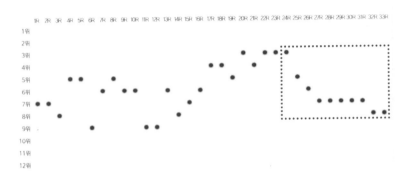

2015년 33라운드까지 전남의 순위 변동추이이다. 24라운드부터 33라운드까지 5무 5패를 하여 리그 3위에서 8위로 급락하면서 상위권 진출에 실패했다. 한 달 반 동안 필자는 잠을 제대로 잘 수가 없었다는 사실을 이제야 이야기한다.

베켄바워는 "강해서 이기는 것이 아니라, 이기는 자가 강한 것이다."라고 말했다. 리그에서 살아남기 위해서는 어떻게 해야 하는지는 축구와 관련된 이해관계자분들은 다들 잘 알고 계실 것이다. 연패를 당하지 말고 경쟁 팀에 지지 않는다면 강한 팀이 될 것이다.

연패를 당한다는 것을 곳간에 승점비축이 잘 되지 않는 것이다. 연패가 너무 길어지면 곳간이 비어서(승점축적이 되지 않아서) 여기저기서 식솔들의 아우성이 난다. 또한 비슷한 순위 경쟁을 하는 팀에게 진다는 것은 상대 팀에게 3점짜리 링거액을 주사해 주는 것이다.

전남의 약점이 연패와 무승부로 무승이라는 사슬에서 헤어나기가 어렵다는 것이고 결정적인 순간에 순위경쟁 팀에 져서 거의 힘이 없는 상대 팀을 살려놓는 것이다. 사실 이러한 약점을 극복하는 것은 선수 개인의 능력이나 기술의 문제가 아니라 경기에 임하는 의지, 즉 마음에 달려있다고 본다.

사자는 토끼를 잡아도 전력을 다해 잡는다. 항상 이야기하지만 하위 팀을 상대로 좋은 성적을 못 내는 것은 스스로 하위 팀이라는 것을 인정하는 것이다.

054
연습을
실전처럼

2014년 1월 태국 방콕 전지훈련장에서 자체 연습 중인 전남 선수들

선수들은 모두 경기 전 선발로 출전하기를 희망한다. 사실 11명의 선발출전선수는 당일 컨디션이 포지션별로 최고인 선수가 들어가는 것이 맞다. 그러나 당일 최고의 컨디션 여부는 항상 선수들이 연습훈련을 통해 만들어 가야 한다.

연습과 실전의 차이는 여러 가지가 있다. 첫째, 연습은 실전을 가정해서 하지만 부상 등을 우려해 심하게 경쟁하지 않는다. 둘째, 연습은 실패하면 다시 한 번 더하면 된다. 그러나 실전에서는 두 번 다시 동일한 기회가 주어지지 않는다. 셋째, 연습과 달리 실제 경기는 출전선수들의 책임이 주어진다.

연습은 매우 중요한 과정이다. 연습에서 제대로 안 되는 선수는 실전에서도 절대 되지 않는다. 나는 이제까지 수많은 시험을 쳐 보았지만 연습에서 풀지 못한 시험문제를 본고사에서 풀 수 있었던 경우는 한 번도 없었다. 모든 종목의 프로선수들은 엄청난 개인훈련을 통해서 성장하는데, 이를 소홀히 하고 팀 훈련에만 적당히 참여하는 선수는 결국 실전에 출전할 기회가 점점 줄어든다.

055
팀 내에 국가대표가
있다는 것

전남 이종호 선수(10번)가 2015년 8월 2일 중국 우한에서 열린 중국과 동아시안컵 첫 경기에서 추가골을 넣은 뒤 환호하고 있다. 이날 한국은 중국을 2:0으로 이겼다.

처음 부임 당시 전남에는 성인 국가대표선수가 한 명도 없었다. 명색이 20년의 역사를 지닌 구단에 국가대표선수가 한 명도 없다는 것은 구단 입장에서는 매우 우울한 측면이다. 국가대표선수의 소속 여부는 선수 개인에게도 영광스러운 것이지만 팀 성적, 구단 홍보, 팬 확보 등 구단 측면에서도 많은 도움이 된다.

2015년 동아시안컵 대회 참가 국가대표 명단에 전남의 이종호 선수가 이름을 올렸다. 지동원과 윤석영 이후 전남에서 국가대표를 배출했다는 것이 매우 기뻤고 이종호 선수도 멋진 활약을 보여 주었다. 너무 잘하고 있는 이종호 선수에게 격려 메시지를 보냈더니 다음과 같이 답신이 왔다.

사장님, 감사드립니다. 전남드래곤즈 사장님으로 부임하시고 항상 전남을 위해 온 힘을 다해 주셔서 너무나도 든든하고 감사드립니다. 저도 국가대표 자리에 전남을 대표해서 온 만큼 최선을 다하고 좋은 결과를 얻어서 귀국하겠습니다. 더 성실히 발전하는 선수가 되겠습니다.

– 이종호 드림

이 얼마나 나를 기쁘게 하는 메시지인가!

056

용龍사들에게
영문 유니폼을

AFC CHAMPIONS LEAGUE 2014
(Group Stage)

START LIST

		POHANG STEELERS (KOR)							CEREZO OSAKA (JPN)		
				25-FEB-2014 19:30	90 min	Pohang Steelyard, Pohang					
						1st Half					
						Full Time					
						Ext. Time					
	Black/Red	Black	Red			Penalty Kick		White	White	White	

1	GK	HWA YONG (SHIN HWAYONG)		2	DF	OHGIHARA TAKAHIRO (TAKA)
2	DF	KWANG SUK (KIM KWANGSUK)		4	DF	FUJIMOTO KOHTA (KOTA)
5	MF	KIM TAE SOO (KIM TAESU) (C)		5	MF	HASEGAWA ARAJASURU (ARIA)
7	MF	KIM JAE SUNG (KIM JAESUNG)		6	MF	YAMAGUCHI HOTARU (HOTARU) (C)
12	FW	KIM SEUNGDAE (KIM SEUNGDAE)		8	MF	KAKITANI YOICHIRO (KAKITANI)
13	DF	WON IL (KIM WONIL)		9	FW	MINAMINO TAKUMI (MINAMINO)
17	DF	KWANG HOON (SHIN KWANGHOON)		14	MF	YUSUKE MARUHASHI (MARUHASHI)
18	FW	MOO YUL (GO MOOYUL)		17	MF	SAKEMOTO NORIYUKI (SAKEMOTO)
22	DF	DAE HO (KIM DAEHO)		20	FW	SUGIMOTO KENYU (KENYU)
26	MF	CHAN HO (CHO CHANHO)		21	GK	KIM JIN HYEON (JINHYEON)
29	MF	LEE MYUNG JOO (LEE MYUNGJOO)		23	DF	YAMASHITA TATSUYA (YAMASHITA)

Substitutes

2	GK	HEE CHUL (PARK HEECHUL)		1	GK	TAKEDA HIROYUKI (TAKEDA)
6	DF	KIM JUNSU (KIM JUNSU)		3	DF	SOMEYA YUTA (SOMEYA)
14	DF	BAE CHUN SUK (BAE CHUNSUK)		7	DF	ARAIBA TORU (ARAIBA)
15	FW	SHIN YOUNG JOON (SHIN YOUNGJUN)		9	FW	NAGAI RYO (RYO)
20	MF	SON JUNHO (SON JUNHO)		10	FW	FORLAN (FORLAN)
31	GK	DA SOL (KIM DASOL)		11	MF	KUSUKAMI JUMPEI (KUSUKAMI)
34	MF	LEE GWANGHYEOK (LEE GWANGHYEOK)		26	MF	AKIYAMA DAICHI (DAICHI)

Not Eligible

Not Playing

HWANG SUN HONG (KOREA REPUBLIC)	LIM JEONGMIN (KOREA REPUBLIC)	RANKO POPOVIC (AUSTRIA)	AHN HOJIN (KOREA REPUBLIC)
Signature:	Signature:	Signature:	Signature:

Referee	BENJAMIN WILLIAMS (AUSTRALIA)	Match Commissioner	DR. TU XILIANG (CHINA PR)
Assistant Referee 1	MATTHEW CREAM (AUSTRALIA)	Referee Assessor	JOHN CHIA (SINGAPORE)
Assistant Referee 2	HAKAN ANAZ (AUSTRALIA)	Local General Coordinator	RAY KIM (KOREA REPUBLIC)
Fourth Official	JARRED GAVAN GILLETT (AUSTRALIA)	Local Media Officer	SEAN AN (KOREA REPUBLIC)

G - Goal, Y - Yellow Card, R - Red Card, S - Subsitute, PS - Penalty Shootout Made, PS - Penalty Shootout Missed

Match Commissioner's
Signature:_____

Note: This is not an official document unless signed by the Match Commissioner

25th February 2014 05:08:36 PM

2014년 2월 25일 아시아챔피언스리그(ACL) 포항 홈경기 양 팀 출전선수 명단

2014 아시아챔피언스리그(ACL) E조 조별리그 1차전 세레소 오사카와의 경기가 포항구장에서 열렸다. 홈팀인 포항 장성환 사장의 초청으로 이 경기를 볼 수 있었다. 황선홍 감독과 선수들 모두 열심히 했지만 결과는 1:1로 비겼다. 나로서는 ACL 경기 관전은 처음이라 여기서 얻어갈 것이 무엇인가를 생각해 보는 시간을 가졌다.

이 경기에서 느낀 점 중 하나는 ACL에 나가는 자격을 따는 것도 중요하지만, 국가클럽 간 경쟁은 국내 리그와는 달리 국가를 대표하는 성격이 있기에 구단의 꾸준한 뒷받침이 전제되어야 본선 리그에서 좋은 성적을 거둘 수가 있다는 것이었다. 정말 구단주의 지속적인 관심이 ACL 경기력을 좌우한다는 생각이 많이 들었다.

오늘 경기는 국제경기여서 선수들이 영문 이름을 유니폼에 새겨서 입고 있었다. 전남이 ACL에 나가 본 것은 2007년 FA컵 우승자격으로 2008년에 조별예선에 출전한 것이다. 영문 유니폼을 만든 지가 오래되었다는 생각이 들었다. 이날 이후로 나의 목표는 '전남의 용사들에게 영문 유니폼을 입히자.'로 바뀌었다.

057
진정한 팬의
의미

전남 팬 중 한 분의 사진이다. 이분은 전남에 살지 않아 전남의 홈경기를 한 경기도 보기 어렵지만 연간
입장권 5만 원권을 매년 구매해 주고 있다.

관중 대다수는 축구를 오락으로 소비한다. 그렇기 때문에 입장료에 상응하는 반대급부가 주어지지 않으면 변덕스럽게 반응한다. 크리스토프 바우젠바인은 다음과 같이 말했다.

> 진짜 팬들은 즐기기 위해 경기장에 가지 않는다. 형편없는 악천후 속에서 볼품없는 상대와 지루하게 0:0으로 끝나는 경기를 엄숙하게 관전한다. 어떤 일이 있어도 물러서지 않으며, 대개의 경우 유일한 즐거움은 다음 시즌을 꿈꾸고, 현재의 실망들을 이겨낼 수 있는 기회를 꿈꾸는 것이다. 끈끈한 공동체와 동요하지 않는 애정은 진짜 팬들을 유지하는 어떤 것이라기보다 차라리 팬들 자체이다.

전남의 팬은 1만 3,000명 수준이다. 이분들이 매 경기마다 오지는 못해도 3분의 1 정도 분산해서 관람하는 것으로 조사된 바 있다. 이 중 열혈 팬은 1,000명 정도이며 홈경기에 매번 오는 이분들은 경기결과와는 관계없이 진정한 팬 자체인 것이다.
1년 내내 단 한 장의 표도 직접 구매하지 않으면서, 전남의 진정한 팬인 양 이야기를 하는 분들의 말에 큰 의미를 둘 수는 없다.

058
삼위일체형
조직을 구현하다

2014년 12월 16일 창단 20주년 행사에서 서정복 전남축구협회장이 축사를 하고 있다. 서정복 회장은 전남드래곤즈 초대 단장을 지낸 분으로 선수, 감독, 프런트 간 유기적인 관계의 초석을 다졌으며, 필자에게 축구단 운영과 관련하여 많은 조언을 해 주신 분이다.

축구팀이 좋은 성적을 내는 데 영향을 미치는 3요소를 꼽으라면 선수, 감독, 프런트이다. 팀 성적은 구단 전체를 잘 운영한다는 경영의 입장과는 다소 다른 측면이 있다. 성적이 좋지 않으면 프런트와 감독의 불화설, 선수와 감독의 불화설 등의 기사가 언론에 가끔 나온다.

축구단에서 근무하게 되고 시간이 흐르면서 이 세 집단의 협력과 유연한 연결이 팀 성적을 향상시키는 데 중요하다는 것을 알게 되었다. 치열한 순위경쟁에서 살아남기 위해서 선수들은 나보다는 팀을 위해 한 발 더 뛰는 협업자세로 경기에 임하고, 코칭 스태프는 선수 개개인의 기량을 100% 발휘할 수 있는 전략전술을 수립하며, 사무국은 선수단이 최고의 경기력을 발휘할 수 있도록 효율적 지원을 하는 삼위일체형 조직이 되도록 노력해야 한다.

이를 위해서는 상호 간 소통이 잘되어야 한다는 생각이 들었다. 매번 선수들과 만나기는 여건이 허락하지 않아서 감독, 코치, 프런트 팀장 이상과는 일주일에 한 번씩 간담회를 하면서 삼위일체형 조직을 만들기 위해 노력했다.

059
월드컵 1
브라질에 가는 행운

2014년 6월 22일 브라질 포르토알레그레를 연고로 하는 브라질 세리A 3위 '그레미우'팀 홈구장을 벤치마킹했다. 앞쪽 열 왼쪽부터 울산 송동진 단장. 서울 장기주 사장. 필자. 포항 장성환 사장. 안산 함정대 사장. 경남 박재영 단장. 뒤쪽 열 왼쪽부터 성남 신문선 사장. 제주 장석수 사장

2002년 월드컵이 한국에서 개최되어 그 열기를 새삼스럽게 이야기하지 않더라도 광화문광장에 붉은 옷을 입은 수십만 명의 응원인파를 기억할 것이다. 사실 월드컵 경기가 해외에서 열린다면 여러 가지 여건상 직접 가서 보기는 매우 어렵다.

2014년 브라질 월드컵을 앞두고 프로축구연맹 차원에서 월드컵 경기를 직접 관전할 수 있는 기회를 만들어 주었다. 사실 프로축구단에 근무하지 않았다면 비용 등 다른 조건이 맞아도 개별적으로 시간 내기가 어려워 갈 수가 없었을 것이다. 설사 모든 조건이 맞더라도 축구단 근무 기간 중에 월드컵이 개최되지 않으면 볼 수 있는 기회 자체가 없다. 마침 이 두 가지가 동시에 충족된 것이다.

2014년 6월 20일 인천을 출발하여 6월 29일 귀국하는 일정으로 예선리그 3경기 관전, K리그 출신 국가대표선수 격려, 그리고 벤치마킹으로 진행되었다. 출국은 희망에 부풀어 나갔으나 귀국할 때 마음은 대표팀의 경기력이 기대치를 벗어나 편치 않았다. 월드컵과 관련하여 메모한 것 중 기억해야 할 다섯 가지를 이야기한다.

060

월드컵 2
자만심은 독약

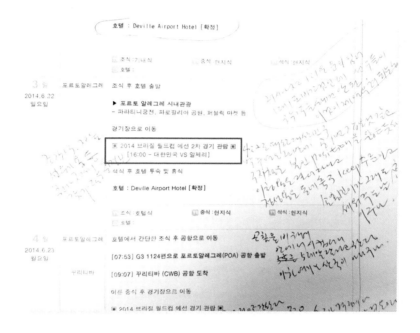

현지시각으로 2014년 6월 22일 일요일 16시에 열린 대한민국과 알제리전 경기메모이다.

인천공항에서 미국 달라스 공항까지 13시간, 비행기 환승을 위해 공항대기 4시간, 달라스 공항에서 브라질 상파울로 공항까지 10시간, 상파울로 공항에서 3시간 대기후 브라질 국내선을 타고 포르토알레그레 공항까지 2시간. 총 32시간이 걸려 한국과 알제리 경기가 열리는 포르토알레그레에 도착했다. 그리고 다음 날 알제리와의 결전을 관전했다.

조별 예선 첫 경기를 마치고 언론에서 나온 "러시아와의 1:1로 비교적 무난한 출발"이라는 말은 오히려 나를 걱정하게 만들었다. 자만심이 경기를 망치는 경우가 많기 때문이다. 2002월드컵에서 4강에 한 번 올라간 후, 나를 비롯한 우리 국민들은 한국 대표팀에 대한 기대감이 이미 8강 수준을 넘어서고 있었다.

선수 실명을 거론해서 미안하지만 90분 동안 박주영은 공 한 번 못 잡아보고, 구자철은 포지션을 잃은 듯했으며, 이청용은 걸어 다니고, 정성룡은 몸이 굳어 있었다. 결과는 4:2 패배였다. 다만 손흥민 선수의 분전이 대표팀 체면을 세워주었을 뿐이다. 나는 이 경기의 실패가 선수들의 개인별 컨디션이 전혀 고려되지 않는 선발라인업에 있다고 생각했다.

061

월드컵 3
즐기는 관중문화

현지시각으로 2014년 6월 26일 목요일 17시에 열린 한국과 벨기에 경기를 보기 위해 입장하는 관중의
모습

브라질 월드컵 조별리그 마지막 경기를 보기 위해 상파울로로 왔다. 수많은 관중이 입장을 위해 전철역과 경기장 사이를 가득 메웠다. 형형색색의 복장과 응원도구를 보면서 그들이 축구를 '즐긴다'는 것을 체감할 수 있었다. 벨기에 응원 입장객 중 한 사람은 양국 국기, 경기일자, 경기장소를 새긴 티셔츠를 입고 머리에는 벨기에 국기를 상징하는 모자를 쓰고 흥을 돋우고 있었다.

많은 군중 사이로 전남드래곤즈 레플리카를 입은 부부가 눈에 들어왔다. 너무나 반가워서 인사를 하고 물어보니 독일 분으로 전남 광양에서 슈퍼바이저로 일한 적이 있다고 했다. 해외에서 전남의 유니폼을 보는 순간 한 팀에 있었던 것처럼 친근감이 들었다. 구단 유니폼의 상징성이 재인식되는 순간이었다.

이날 경기는 한국이 1:0으로 졌다. 후반에 벨기에는 10명이 뛰었지만 후반 33분 얀 페르통언에게 결승골을 얻어맞았다. 조별 리그 4팀 중 4위를 확정하는 순간이었다. 승패를 떠나 한국팀이 제대로 된 경기를 한 번도 하지 못하는 것을 보고 너무나 큰 상실감이 가슴을 짓눌렀다.

062
월드컵 4
훌륭한 요리는 재료가 좋아야 한다

브라질에서 가져온 기념품 두 가지. 경기장에서 코카콜라를 사면 당일 경기하는 팀의 국어로 표기된 플라스틱 컵에 콜라를 담아준다. '대한민국'이라는 글자를 해외에서 보면 더 반갑게 느껴진다. 가운데는 브라질 월드컵 마스코트 '풀레코(Fuleco)'이다.

한국팀이 조별 예선에서 탈락하자 대부분의 언론에는 다음과 같은 기사가 보도되었다.

> 홍명보 감독이 이끈 한국 대표팀은 조별리그 3경기에서 1무 2패에 그쳐 벨기에, 알제리, 러시아에 이어 꼴찌로 대회를 마무리했다. 한국이 월드컵 조별리그에서 승리를 따내지 못한 것은 1998년 프랑스 대회(1무 2패) 이후 16년 만이다.

당초 목표였던 8강 진출이라는 요리를 만들기 위해 주방장은 가장 좋은 요리 재료를 구하는 것이 관건이다. 주방장의 경력이 아무리 화려해도 재료가 별로라면 제맛이 날 리가 없다. 한국팀 주방장은 어디에 좋은 재료가 있는지를 잘 몰랐던 것 같다. 써본 적이 없는 재료로 요리하기에는 자신감이 없어서 사용해 왔던 재료만 찾아서 요리한 것이다.

국내 K리그에는 신선한 요리재료가 많다. 이러한 시장에서 주방장이 직접 장을 보지 않고 재료목록만 가지고 선택한다면 결코 좋은 요리를 만들 수 없다. 모든 주방장들은 그들이 한국인이든 외국인이든 국내프로리그 시장에 지속적인 관심을 가지고 좋은 재료를 파악하기 위해 노력해야 한다.

063
월드컵 5
축구강국 브라질

http://imgnews.naver.net/image/310/2014/07/09/73545_201407091047322HO_99_2014070
9111504.jpg?type=w540

독일전 참패로 충격에 빠져 있는 브라질 관중의 모습

개최국 브라질은 7월 5일에 치러진 준결승전에서 독일에게 7:1로 참패했다. 아무도 이러한 결과를 예측하지 못한 대이변이었다. 시간이 지나도 이 경기에 대한 소감을 묻는 한국인이 많자 주한 브라질대사관 교육담당관인 카를로스 고리토는 다음과 같이 설명했다.

이민자들로 이뤄진 브라질에서는 온 국민을 하나로 묶어 줄 대의나 열정을 찾기가 힘들었다. 20세기 중반까지 서로 다른 27개 연방주의 연합체에 불과했다. 이런 국민이 처음으로 하나가 됨을 느꼈던 때는 1950년 브라질 월드컵 결승전에서 우루과이에게 역전패하는 순간이었다. 그 뒤 한마음, 한뜻으로 힘을 합치는 일에 익숙해지기 시작했다. 새 수도인 브라질리아 건설 등 굵직한 국가적 프로젝트들이 순조롭게 진행됐다. 안정된 정치상황과 함께 경제도 성장했다. 브라질 안방에서 '7:1'의 비극은 브라질 국민이 자신들의 미래에 대해 다시 생각해 보는 계기가 됐다. 각각의 비극은 새롭고 더 나은 시대를 가져온다.

나는 진정 브라질이 축구강국이라는 생각이 들었다. 이렇게 축구를 이해해 주면서 함께 울어줄 국민이 있다는 사실에 대해서 말이다.

064

월드컵 6
명언은 남는다

지상파 월드컵 중계전쟁
'문어 영표'가 끝!

지구촌 초여름을 뜨겁게 달궜던 2014 브라질 월드컵이 독일의 4번째 우승으로 대단원의 막을 내렸다. 영광과 좌절, 환희와 슬픔이
교차한 월드컵의 최대 수혜자는 누구인가? 골든 볼의 메시? 골든 글러브의 노이어? 골든 슈의 로드리게스? 아니다. 필자는 이번
월드컵의 최고 스타로는 단연 이영표 KBS 축구 해설위원을 꼽고 싶다.

SPORTS JOURNAL KOREA, 2014 07 vol.29, 14쪽

한마디의 말이 1년 동안 월드컵 조별 예선전을 어떻게 준비를 해왔는가를 아우르고 있다. 조별 예선 마지막 경기에서 예선 탈락이 확정된 직후 인터뷰에서 한국 대표팀 감독은 "우리 선수들은 이번 월드컵을 통해 아주 좋은 경험을 했을 것이다."라고 말했다.

1년에 수십 번의 경기를 하는 리그전에서 한 경기를 잃으면 이런 말을 할 수 있지만, 4년에 한 번 열리는 월드컵을 경험하러 왔다고 표현하는 것은 그 상황에서 팀을 이끄는 리더로서 적정하지 않은 표현으로 보였다.

애당초부터 경험을 쌓기 위해 준비한 것인가, 혹은 이번에 경험한 선수가 다음 월드컵에 반드시 다시 출전하는가, 라는 의문을 낳게 만든다. 이런 표현은 정치적 표현이기에 팬들의 가슴을 더 답답하게 했다.

이영표 해설위원은 방송을 통해 "월드컵은 경험하러 나오는 자리가 아니다. 실력을 증명하는 무대다."라고 이야기했다. 이영표 해설위원도 한국 대표팀과 축구를 사랑하기에 그동안 해설을 하면서 속이 많이 탔을 것이다.

승부차기
Penalty shootout

• • •

축구에서
경영을
읽는다

승부차기는
경기의 마지막을 의미한다.
연장전까지 120분 동안은
축구단 운영 관련 내용이었다.
이 장에서는
축구를 통해 바라보는
경영의 관점을 이야기한다.
기업 경영도 승부차기와 같이
순간순간이 중요하다.

065
역사의 DNA를
거스를 수 없다

○ 축구사 　 간추린축구사

간추린축구사

한국에서 축구가 전파된 것은 지금으로부터 100여 년 전인 19세기 말이다.

오늘의 축구와는 조금 달랐겠지만 〈삼국사기〉에 의하면 먼 옛날 신라시대에도 '축국(蹴鞠)'이란 놀이 형태의 공차기가 있었다고 전해진다. 삼국통일의 주역인 신라의 김유신과 김춘추가 농구(弄珠)를 가지고 노는 축국을 했다는 기록이 그것이다. 축국은 둥근 놀이기구, 이를테면 가죽외 방광이나 태빈에 바람을 넣어 차거나 던지는 놀이였을 것으로 추측된다.

영국을 모태로 하는 근대 축구가 한국에 전파된 것은 1882년 (고종 19년) 인천항에 상륙한 영국 군함 플라잉호스외 승무원들을 통해서인 것으로 전해진다.

정식 축구의 보급은 1904년 서울외 관립 외국어 학교에서 체육 과목의 하나로서 채택하면서부터이다. 한국 최초의 공개 축구 경기는 1905년 6월 10일 서울 훈련원(오늘날의 동대문운동장)에서 열린 대한체육 구락부와 황성기독청년회간의 시합이라고 말 수 있다. 국제적으로 통용되는 규칙하에 경기에 필요한 각종 장비를 갖추고 경기가 열리기 시작한 것은 1920년대부터이다.

대한체육구락부 회원들이 축구하는 모습(1906)

http://www.kfa.or.kr/record/history.asp

역사는 끊임없이 반복되기에 모든 인류는 역사에서 그 근본을 찾는다. 우리가 현존하는 것도 과거의 선조들로부터 이어져 온 역사에 근거하는 것이다. 개인의 가문과 전통 등도 역사의 일부이다.

한국인의 문화, 체질, 성격 등도 역사 속에서 만들어졌고 선조들이 그 속에서 축구의 역사를 만들어 왔다. 이러한 DNA가 1882년 이후 100여 년이 흘러 한국인만의 축구스타일을 만들었다.

선배들이 이끌어 온 경기스타일, 감독 등 지도자들이 발휘한 전략 · 전술, 축구협회가 이끌어온 리더십 등이 모여서 한국적 축구스타일이 만들어진 것이다. 영국 축구가 '킥 앤 러시' 스타일을 지닌 것은 그들의 축구 역사가 습한 땅에서 시작되었기 때문에 패스의 효율성이 떨어졌기 때문이다.

기업도 그들의 성장토대, 기업문화 등을 고려하여 수직적 다각화로 키워나가야 할지, 수평적 다각화가 더 효율적인지를 잘 판단해야 한다. 평생 술만을 제조해 온 기업이 건설업에 뛰어들었다가 본업마저 망쳐버린 경우를 본 적이 있다. 기업도 자신의 DNA를 잘 살펴본 후에 전략적인 선택을 해야 '계속기업의 실체(going concern)'를 유지할 수 있을 것이다.

066
가고자 하는 방향이
분명해야 한다

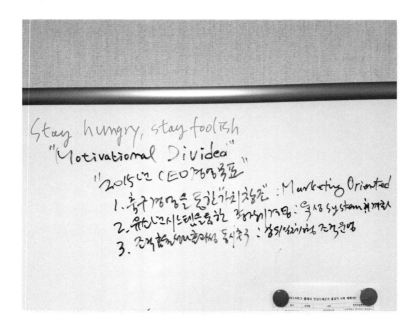

집무실 화이트보드에 몇 번이나 쓰고 지운 끝에, 2015년 경영목표를 축구를 통한 가치창출, 유소년시스템을 통한 중장기 경영, 조직효율성과 효과성 동시추구, 세 가지로 결정했다.

2014년에는 전남이 거듭난다는 각오로 열심히 노력하여 상위 스플 릿 6위를 노렸으나 아쉽게도 7위로 마감했다. 그러나 화끈한 공격 축구와 홈경기 승률 향상으로 팬들에게 기쁨을 준 것은 사실인 것 같다. 주변에서 전남이 많이 달라졌다는 이야기를 자주 들었다.

2015년 구단을 어떻게 운영을 할 것인가를 고민했다. 매년 10월이 되면 내년도 경영목표를 설정하기 위해 고민을 많이 한다. 물론 경 영환경을 고려하여 사무국에서 하의상달(bottom up) 형식의 보고서 를 만들어 오지만, 나 스스로도 거시적인 관점에서 미리 방향을 세 워서 상의하달(top down) 방법으로 맞추어 보아야 한다. 이렇게 하는 이유는 스스로 고민하여 만든 것에 대한 동기격차(motivational divided) 가 발생하기 때문이다. 다시 말하면 목표를 달성하고자 하는 의지 가 분명해져 연말에는 대부분 달성하게 된다는 것이다.

남의 돈을 얻어 쓰는 조직은 돈을 주는 조직의 예산편성보다 먼저 내년 계획을 수립하고 뛰어야 한다. 연말에 가면 이미 그들의 예산 이 확정되어 비빌 곳이 줄어들기 때문이다.

067

오프사이드,
제한된 자원을 극대화하다

사진캡처=SPOTV

#4. 6월 3일 전남과 광주의 경기. 전남이 1-0으로 이기고 있던 상황에서 광주가 첫번째 골을 넣었다. 멋진 중거리골이었다. 특점으로 인정됐다. 하지만 연맹은 사후 분석을 통해 오심이라고 판정을 내렸다. 중거리슈팅을 쏘는 순간 골키퍼 앞 오프사이드 위치에 광주 선수가 있었다. 이 선수는 전남 골키퍼의 시야를 가리고 있었다. 오프사이드 위치의 선수가 플레이를 관여, 방해했기 때문에 오프사이드였다. 연맹은 '일반인들이라면 찾아내기 어려운 상황이다. 골키퍼 시야방해까지 생각해야 한다'고 설명했다.

http://sports.chosun.com/news/ntype.htm?id=20150801010000420025240&servicedate=20150731

2015년 7월 30일 프로축구연맹이 서울 신문로 축구회관에서 '2015년 토크 어바웃 레프리' 행사를 열고 오심 사례들을 공개했다.

축구에서 오프사이드(offside)는 일반인들이 가장 이해하기가 어려운 규칙 중에 하나라고 전술한 바 있다. 사실 경기진행 중에 오프사이드 규칙 위반 여부가 순간적으로 이루어지기 때문에 정확한 판정이 용이하지 않는 경우가 발생한다.

그러나 오프사이드는 축구에서는 반드시 필요한 규정이다. 축구는 농구, 핸드볼, 탁구, 테니스처럼 제한된 좁은 공간이 아니라 상당히 넓은 공간에서 22명이 하는 경기이다. 넓은 운동장에 22명이 제각기 활동한다면 정말 재미가 없을 것이다. 오프사이드는 이러한 넓은 경기장에서 공격 시 사용하는 지역을 제한함으로써 패스나 스피드 등의 전술적 수단으로 공간을 창출하여 골을 획득하도록 하는 규칙이다.

축구의 오프사이드는 경영에 있어 제한된 자원과 같다. 기업의 경우도 오프사이드 규칙과 같은 제한된 자원을 가지고 목적한 성과를 달성해야 한다. 그러기 위해 전략·전술이 필요하고 경영철학과 비전, 직원의 열정과 동기부여, 상호 의사소통 등의 모든 활동이 유기적으로 이루어져야 한다.

기업은 제한된 자원으로 경쟁시장이라는 온사이드(onside)에서 활동이 유효하게 이루어지도록 노력을 기울여야 한다.

068
백 패스와
혁신활동

[김병윤의 축구생각] **백패스**를 줄여야만 승리가 보장된다
스포탈코리아   2015.07.21.   네이버뉴스
이 같은 패스는 여러 종류가 있는데 그중 가장 빈번하게 구사되고 있는 패스는 **백패스**(Back
pass)다. **백패스**는 패스를 줄 곳이 여의치 않거나 전술과 작전의 일환 차원 및, 경기 템포를
조절하기 위한 한 방법으로 구사되고...

[여자월드컵] 한국, 뼈아픈 두 번의 **백패스** 미스...브라질에 0-2 패
STN 스포츠   2015.06.10.   네이버뉴스
하지만 한국은 두 번의 **백패스**가 차단당하면서 골을 내주고 말았다. 전반 33분 수비수 김도
연이 골키퍼 김정미에게 **백패스**를 시도하던 중 브라질 포르미가가 이를 가로채며 선제골을
터뜨렸다. 경기 초반 안정적인...
(여자월드컵)한국, 조별리그 1차전서 브...   뉴스토마토   2015.06.10.

충분한 경기력 선보인 女축구, **백패스** 두 번은 잊어라
조이뉴스24   2015.06.10.   네이버뉴스
두 번의 **백패스** 실수를 제외하면 나쁘지 않은 경기력이었다. 윤덕여 감독이 이끄는 한국 여
자축구대표팀이... 특히 전반 33분 김도연(현대제철)의 **백패스** 실수가 선제 실점으로 이어진
장면이 그랬다. 이 장면은 지난해 2014...

백패스 실점 속을, 그 치명적이고 위험한 유혹은? 스포츠Q   2015.06.04.
[스포츠Q 박상현 기자] "옛날 우리가 축구할 때는 **백패스**라는 것을 몰랐어. 정말 **백패스**하
는 선수한테는 파울이라도 주고 싶다니까." 2008년 당시 이회택 대한축구협회 기술위원장
이 한국 축구대표팀의 경기를 보고...

[여자월드컵] '결정적 **백패스** 미스' 한국수비, 구멍 뚫렸다
OSEN   2015.06.10.   네이버뉴스
결정적 **백패스** 미스를 포르미가가 가로채 선제골로 연결했다. 어처구니없는 실수로 실점을
하자 팀 전체... 후반 9분 페널티박스 부근에서 지소연이 또 **백패스** 미스를 범했다. 조소현이
포르미가에게 파울을 범하면서...

http://news.search.naver.com/search.naver?ie=utf8&where=news&query=%EB%B0%B1%ED%
8C%A8%EC%8A%A4&sm=tab_tmr&frm=mr&sort=0

수비진영에서 점유율을 높이면서 공격을 하기 위한 전환 작업은 패스를 통해 이루어진다. 축구에서 여러 가지 패스 방법이 있는데 그중 가장 빈번하게 구사되고 있는 패스는 백 패스(back pass)다. 백 패스는 패스를 줄 곳이 여의치 않거나 전술과 작전의 일환 그리고 경기 템포를 조절하기 위한 한 방법으로 구사되고 있다.

일반적으로 볼 점유율은 높은데 경기는 지는 경우가 상당히 많이 발생한다. 이는 자기 진영에서 공격전환 작업이 여의치 못하여 백 패스를 많이 한 결과이다. 그래서 백 패스는 공격의 빌드 업(build up)과정과 목적이 분명한 상태의 전술이나 작전의 일환으로서만 이루어져야 한다.

일반적으로 기업에서 혁신활동은 많이 하는데, 혁신의 초기 단계를 지났음에도 원가절감, 매출증대 등 재무성과와는 직결되지 않는 경우가 있다. 이는 혁신활동이 보여주기식 관리활동에 치중하기 때문이라는 생각이 든다. 모든 조직이 열심히 혁신활동을 하는데 실적과 연계가 되지 않는다는 것은 축구에서 골과는 전혀 관계 없는 백 패스만 열심히 하는 것과 같다고 본다.

069
선제골의
중요성

연합뉴스 〈월드컵2014〉이근호 선제골 순간
기사입력 2014-06-18 08:39   최종수정 2014-06-18 08:40

(쿠이아바=연합뉴스) 김주성 기자 = 18일 오전(한국시간) 브라질 쿠이아바 판타나우 경기장에서 열린 2014 브라질 월드컵 조별리그 H조 1차전 한국과 러시아의 경기에서 한국의 이근호가 후반 팀의 선제골이 된 중거리 슛을 차고 있다. 2014.6.18

http://sports.news.naver.com/sports/index.nhn?category=soccer&ctg=news&mod=read&office_id=001&article_id=0006966330

축구경기에서 선제골은 매우 중요하다. 어느 팀이 선제골을 넣으면 상대 팀은 이기기 위해서 2골을 넣어야 한다. 그런데 한 경기에서 한 팀이 2골을 넣는다는 것은 쉽지가 않다.

선제골은 여러 가지로 경기상황이 달라지게 하는 원인이 된다. 선제골이 들어가면 양 팀의 의도했던 작전에 변화가 생기고 선수교체 계획도 바뀌게 된다. 축구경기를 보면 초반에는 신중하게 탐색전을 하면서 상대의 허점을 노린다. 선제골을 얻어맞으면 그만큼 경기를 풀어나가기가 어렵다는 것을 알기 때문이다. 그래서 축구경기에서 선제골의 선점효과는 대단히 크다.

기업이 어떤 산업이나 시장에 남보다 먼저 진출함으로써 얻을 수 있는 이익을 '선점의 효과(first mover advantage)'라고 한다. 기업이 시장에서 유리한 포지션을 확보한다든지, 유통경로나 자원의 독점을 통해 진입장벽을 구축하는 경우 선점의 효과를 누릴 수 있다. 다만 초기투자에 따른 위험과 비용, 기업유형이 기술집약적인지 마케팅 지향적인지도 잘 고려해서 선점여부를 결정해야 한다.

070
프로축구는
쇼 비즈니스다

프로야구: http://www.sisunnews.co.kr/news/photo/201508/25827_34195_268.png
소녀시대: http://ecx.images-amazon.com/images/I/91jNf2d9ktL._AA2560_.jpg
영화 암살: http://movie.phinf.naver.net/20150713_74/14367488229802tA3J_JPEG/movie_image.jpg

내가 하는 업業이 무엇인가를 명확히 정의하지 않고는 경쟁자를 정확히 알 수가 없어 이길 수가 없다. 프로축구의 경쟁자는 과연 누구인가? 그 답은 야구 혹은 농구와 같은 동일한 스포츠산업일 수 있다. 그러나 엄밀히 말하면 영화, 뮤지컬, 혹은 놀이공원일 수도 있다.

사람들은 여가시간을 소비하는 데 보다 재미가 있는 것을 선택할 것이다. 여가시간을 소비하는 모든 업종은 프로축구와 경쟁관계에 있다고 본다. 그래서 나는 축구를 재미있는 것을 보여주는 산업, 쇼 비즈니스(show business)로 보았다. 경쟁산업과 분명히 다른 무엇인가를 보여주지 않는다면 사람들은 축구를 선택하지 않고 영화관이나 공연을 보러 갈 것이다.

이와 더불어 광고주에게는 노출 빈도를 증가시키는 효과가 있어야 하며, 팬들과 선수단의 접촉 기회를 증대시켜 애정과 관심을 가지도록 해야 한다. 그러기 위해서는 흥행과 성적이라는 두 마리 토끼를 다 잡아야 하는데, 프로축구가 이 두 가지를 동시에 달성하기 위해서는 이해관계자의 지속적인 관심과 투자가 필요하다.

071
스타디움에서
서비스 관리

Quality Service @ Stadium

표를 쉽게 샀어요!

경기장 찾아가기가 쉬워요!

내 자리 찾기가 쉬워요!

경기가 정말 박진감 넘치네요!

매점에서 파는 치킨이 너무 맛있어요!

화장실에서 줄 설 필요가 없어요!

경기 끝나고 나가는 데 붐비지 않아요!

구단 용품이 정말 다양하네요!

2014년 5월 27일 K리그 CEO 아카데미에서 포포투 홍재민 차장이 소개한 유럽 중소축구단 마케팅 사례 중 하나이다.

일반 상품과는 달리 프로축구단은 축구경기라는 콘텐츠를 판매하는 것 외에 나름의 서비스를 판매하고 있다. 이러한 서비스는 일반 제조기업의 제품과는 상당한 차이가 있다.

첫째, 판매량이 제한적이다. 전남의 경우 좌석이 1만 3,500석이기에 팔고 싶어도 더 이상 팔 수가 없다. 문제는 좌석이 가득 차지 않는 다는 것이 항상 문제이다. 둘째, 판매에 소멸성이 있다. 사용하지 않는 비행기나 식당의 좌석과 같이 이미 끝난 시합의 티켓은 팔 수가 없다.

그러나 실질적으로 고객이 느끼는 것은 상품구매 자체보다도 포장이나 구매 후 서비스 등도 구매를 자극하는 중요요소가 된다. 화장실이 청결하다, 접근이 용이하다는 등은 서비스업의 특징인 무형성(intangibility), 이질성(heterogeneity), 생산과 소비의 동시성(inseparability)을 그대로 나타낸다. 경기를 잘하는 것도 관중을 모으기에 중요한 요소지만, 소득이 증가함에 따라 스타디움에서 수준 높은 서비스를 제공받기를 원할 것이라는 것도 고려해야 할 것이다.

072
제한된 시간 내에
최대 성과를 달성하라

전광판에 89분의 시간이 흐르고 있지만 양 팀은 1:1 비긴상태로 성과는 없다.

여러 가지 유형의 스포츠가 있지만 구기종목의 경우 제한된 시간 안에 경기하기, 목표점수를 먼저 취득하기, 그리고 제한된 횟수 동안 경기하기 정도의 세 가지 유형으로 구분할 수가 있다. 축구는 90분이라는 제한된 시간 안에 선수들이 최대의 성과를 내야 하는 경기이다. 90분이 지나가고 텅 빈 경기장에서 열심히 공을 차 봐야 아무 의미가 없다.

기업도 제한된 시간 안에 일을 완성하거나 성과를 내야 한다. 제이콥(F. R Jacobs) 교수는 그의 저서 『전략적 운영관리』에서 기업의 경쟁력은 품질, 원가, 스피드, 유연성, 이 네 가지에서 나온다고 한다. 이 중 스피드는 제한된 시간 안에서의 경쟁이다. 동일한 시장 안에서 경쟁자보다 빠르고 정확하게 배달을 하는 '페덱스(Fedex)'는 경쟁 우위에 있는 것이다. 제한된 시간을 어기게 되면 시장에서 고객이 기다려 주지 않고 다른 기업의 물건을 구매할 것이다.

나는 직원들이 야근이나 휴일근무를 하는 것은 능력이 부족해서가 아니라 제한된 시간에 성과를 내기 위해 스스로 노력을 기울이는 것으로 본다.

073
조금의 차이가
결정적 차이를 만든다

http://imgnews.naver.com/image/001/2010/06/01/GYH2010060100050004400_P2.jpg

2010년 6월 1일 연합뉴스 반종빈 기자의 기사이다. 허정무 감독은 1일(한국시간) 오스트리아 노이슈티프트 카펠라호텔에서 기자회견을 열어 남아공 월드컵 본선에 참가할 국가대표 최종 명단 23명을 발표했다.

2010년 6월 26일 한국의 남아공 월드컵 16강전이 너무 아쉬워 메모해 놓았던 내용이다.

> 제가 느낀 경기 소감은 '사소한 차이가 결정적 차이'를 가져온다는 것입니다. 전반적인 경기는 한국이 지배했지만 우루과이의 수아레스 선수에게 서너 번의 찬스에 2골을 주어 2:1로 패배했습니다. … (중략)… 축구를 처음 배우는 어린 시절부터 기본기를 차근히 쌓아야 결정적인 순간에 빛을 발휘하게 되는데. 우리나라 유소년은 팀 성적이 어느 정도 유지되어야 하는 지도자 입장도 있어서 개인기술보다는 조직전술을 우선으로 하다 보면 성인 축구에서 결정적 차이가 나는 것이 아닌지 우려해 봅니다.

기업의 품질관리도 제조 초기 조그마한 차이가 많은 비용을 유발한다. 제조단계에서 수정비용은 1, 검사단계에서는 10, 고객에게 전달되면 100이라는 비용이 든다. '처음부터 올바르게 한다(do it right the first time).'라는 기본의 실천이 가장 중요하다. 유소년 육성도 동일한 이치인 것 같다. 나는 전남 부임 후 유소년 감독에게 우승을 한다고 지도자를 높이 평가하는 것은 절대 아니라고 말했다.

074
헹가래는 승리 팀의
전유물이다

2014년 8월 17일. 전남은 수원과의 홈경기에서 3:1로 승리했다. 4연패 후 승리한 기쁨으로 비가 오는 가운데 선수들이 필자를 헹가래 치고 있다.

2010년 9월 26일 나의 수첩 메모 내용이다.

> 17세 이하 여자 월드컵에 출전한 한국 대표팀이 연장전 사투 끝에
> 사상 최초로 월드컵에서 우승했다. 일본과의 결승전에서 3:3 동점
> 후 승부차기에서 5:4로 승리했다. 너무나 감격스럽다. 남녀 성인
> 및 연령별 대표팀을 통틀어서 세계정상은 처음이다. 앞으로 여자
> 축구는 관심을 가지고 조기에 선수를 육성하고 지속적으로 담금질
> 을 한다면 선점의 효과가 있을 것 같다.

기업도 마찬가지이다. 시장을 선점한 기업이 선점한 이익을 대부
분 가져간다. 1등의 효과를 상당히 누리고 나면 추종제품(me too 제
품)이 나오는데 1등을 따라잡기가 쉽지 않다. '휴지주세요'보다 '크
리넥스 주세요', '음료수 주세요'보다 '코카콜라 주세요'가 선뜻 나
오기 쉬운 말이라는 것이다.
대서양을 최초로 횡단한 사람의 이름은 찰스 린드버그라고 많이
이야기한다. 그러나 두 번째 횡단한 사람의 이름을 물으면 잘 답변
하지 못한다. (답은 173쪽에 있다.)

075
외국인 선수와
출구전략

Gold star.마시엘

▶ 프로필 / PROFILE

생년월일 : 1972년 3월 15일
신장/체중 : 177cm/77kg
전남소속 : 1997~2003
국적 : 브라질

▶ 경기기록 / RECORD

출장수 : 184경기
득점/도움 : 10득점 3도움
슈팅 : 125개
파울/경고 : 398/34
퇴장 : -

Gold star.세자르

▶ 프로필 / PROFILE

생년월일 : 1973년 12월 9일
신장/체중 : 180cm/78kg
전남소속 : 1999~2002
국적 : 브라질

▶ 경기기록 / RECORD

출장수 : 108경기
득점/도움 : 36득점 6도움
슈팅 : 276개
파울/경고 : 225/7
퇴장 : -

http://dragons.co.kr/club/info_10_1.asp

전남드래곤즈에 입단하여 좋은 성과를 낸 외국인 선수를 골드스타 2명과 실버스타 5명으로 구분하여 명예의 전당에 등재하였다. 역대 최고의 수비수 마시엘(왼쪽)과 최고의 공격수 세자르(오른쪽)가 골드스타로 등재되어 있다.

K리그 프로구단들은 4명의 외국인 선수를 활용할 수 있다. 외국인 선수는 국내 선수로 보충하기가 어려운 포지션 혹은 전술적으로 필요한 포지션에 대한 보강 차원에서 이루어진다. 대부분의 구단들은 공격수나 공격형 미드필더들을 선호하는 편이다.

감독들은 영입한 외국인 선수가 당초 기대한 역할을 해 주기를 바라지만, 그 기대를 충족시키지 못하는 경우가 왕왕 있다. 그러나 많은 돈을 지불하고 데리고 온 선수를 활용하지 않는다면 비난을 받을 수 있기 때문에 경기력이 좋지 않더라도 계속 기용하게 되면서 팀 전체 성적이 나빠지게 된다. 이럴 경우 CEO는 과감히 해당 선수를 퇴출하도록 조치하여 감독의 부담감을 덜어 주어야 한다. 그래야 감독도 살고 팀도 살아나게 된다.

기업의 투자도 잘못되었다는 판단이 들었을 때 바로 출구전략을 찾아 시행하는 방안을 모색해야 한다. 최초 투자판단이 잘못된 경우에 이를 무마하기 위해 계속 투자한다면 점점 캐시 플로우(cash flow) 상태가 좋지 않게 될 것이고 종국적으로는 본업이 위태롭게 되는 경우도 있다.

(171쪽 문제 답 : 대서양을 두 번째로 횡단한 사람은 '버트 힝클러'이다.)

076
스토리텔링
마케팅

http://dragons.co.kr/shop/product/2014photouniform.jpg

로미오와 줄리엣은 실존 인물이 아니지만 전 세계인들이 이 책을 읽는다. 해리 포터 이야기는 더 이상 설명을 하지 않아도 될 정도로 유명한 소설이다. 이들은 이야기 즉, 스토리를 만들어 판매를 하는 것이다. 그만큼 스토리의 힘은 크다.

선수와 팬이 하나가 되어 그라운드를 누빈다는 스토리텔링 마케팅의 일환으로 기존의 단순 등번호에서 벗어나 팬들의 사진을 등번호에 새겨 넣어 팬과 하나 되는 이야기를 만들어 보자고 생각해 보았다. 이 제안은 특정 선수를 좋아하는 팬들에게 상당한 관심을 끈 마케팅이었다.

우리는 이야기를 만드는 것을 크게 중요시하지 않는다. 행사에서 축사는 으레 "친애하는…"으로 시작한다. 저 사람이 정말 나를 친애하는지에 대해 별로 공감이 가지 않는다. 미국에 있을 때 강의를 하는 교수나 학장 행사연설은 약간의 일상 이야기를 가지고 가볍게 시작하는 경우가 대부분이다.

077
감독은 기업의
생산담당 임원이다

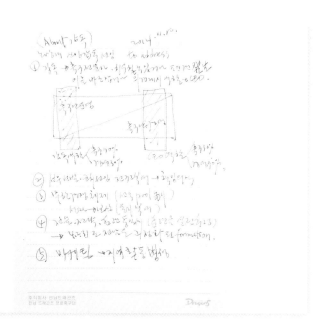

2014년 11월 초, 노상래 감독을 내정하고 나서 선임 사실을 알리는 첫 만남에서 이야기할 내용을 메모한 것이다.

축구단을 작은 기업이라고 한다면, CEO 아래에는 두 사람의 집행임원이 있다. 한 사람은 선수수급, 클럽하우스 운영, 재무관리 등 경영지원부분을 총괄하는 임원(흔히 단장, 국장이라고 한다)이고, 다른 한 사람은 선수훈련, 전술운영, 시합참여 등 생산기술을 총괄하는 임원(흔히 감독이라고 한다)이다.

일반 기업에서는 생산담당 임원들도 경영현황에 대한 정보를 공유하고 이러한 정보를 바탕으로 생산량을 조절하거나 새로운 기술을 개발한다. 프로축구단의 감독 역시 기업의 임원과 같은 역할을 해야 한다. 구단의 경영사정을 이해하고 그러한 환경 속에서 최선의 방법을 선택해야 한다는 것이다.

나는 감독은 자신의 역할 중 30%, 코치는 10~20% 선에서 경영현황을 이해해야 한다고 본다. 마찬가지로 구단 CEO도 축구에 문외한이 되어서는 안 된다. 어느 정도의 축구지식과 경기에 대한 이해가 필요하다. 어느 한쪽이 마이웨이를 고집하는 것보다는 서로 부족한 부분을 보완해 나갈 때 진정한 성과를 창출할 수 있을 것이다.

078
감독이 해야 할
중요한 네 가지 역할

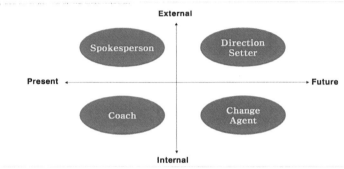

Four Basic Leadership Roles

* 출처: Nanus, *Visionary Leadership*, Jossey-Bass, 1992
(Burt Nanus: University of southern california 경영학과 교수)

리더의 중요한 역할을 현재와 미래, 조직 내부와 외부로 구분하고 네 가지 역할을 도출한 매트릭스이다

프로축구단의 감독 역할은 조직관리에서 말하는 리더십 연구에 가장 좋은 사례이다. 프로축구팀은 승리라는 공통된 목적이 있고, 팀 플레이를 하는 2명 이상의 선수들이 집단을 이루고 있으며, 대내외 환경과 유기적인 작용을 통해 성과를 창출한다는 조직구성 목적을 대부분 충족시키기 때문이다.

나누스(Burt Nanus) 교수는 리더의 리더십을 네 가지 역할로 나누고 있다. 이는 프로축구단의 감독 역할과 일맥상통하는 부분이어서 선수단을 어떻게 이끌어야 하는지를 보여준다

1. 방향설정자(Direction Setter): 전남의 비전과 전략방향에 맞도록 선수단 운영 방향을 설정한다.

2. 대변인(Spokesperson): 현재 선수단을 대외적으로 대표하면서 다양한 이해관계자와 관계를 유지한다.

3. 코치(Coach): 선수들의 동기부여를 통해 목표를 달성하고 개인의 역량을 도와주는 역할을 한다.

4. 변화의 선도자(Change Agent): 현상에 안주하지 않고 환경변화에 적합한 대안을 마련하면서 미래의 바람직한 팀을 구성한다.

079
실패를 책임지는
냉혹한 세계

승강제 실시 후 중도 계약 해지한 클래식 감독들

일시	구단	감독	사유	형태
2012년 4월	인천	허정무	성적 부진	자진 사퇴
7월	강원	김상호	성적 부진	자진 사퇴
8월	전남	정해성	성적 부진	자진 사퇴
12월	성남	신태용	성적 부진	자진 사퇴
	광주	최만희	강등	자진 사퇴
	수원	윤성효	성적 부진	자진 사퇴
	전북	이흥실(대행)	최강희감독복귀	자진 사퇴
2013년 4월	대구	당성증	성적 부진	자진 사퇴
5월	경남	최진한	성적 부진	자진 사퇴
8월	강원	김학범	성적 부진	해임
10월	대전	김인완	성적 부진	자진 사퇴
12월	성남	안익수	기업구단→시민구단	계약 해지
2014년 4월	성남	박종환	폭행 논란	자진 사퇴
8월	경남	이차만	성적 부진	자진 사퇴
	성남	이상윤(대행)	성적 부진	경질
12월	울산	조민국	성적 부진	계약 해지
	인천	김봉길	성적 부진	경질
2015년 5월	대전	조진호	성적 부진	자진 사퇴
7월	부산	윤성효	성적 부진	자진 사퇴

http://pds.joins.com/news/component/htmlphoto_mmdata/201507/20/htm_20150720192332191.jpg

2015년 7월 21일 〈일간스포츠〉 윤태석 기자의 기사를 인용했다.

스플릿시스템: 시즌 중간 순위로 상·하위그룹을 나눈 뒤 상위그룹은 상위그룹끼리, 하위그룹은 하위그룹끼리 남은 시즌을 치르는 방식을 말한다.

많은 전문가들은 실패를 용인하고 도전을 장려하는 문화가 형성되어야 조직이 창조적 발전을 한다고 이야기한다. 3M의 포스트 잇은 실패를 통해 얻은 발명품이라는 사례는 모두들 잘 알고 있을 것이다.

그러나 K리그 감독에게는 이러한 이론이 잘 적용되지 않고 있다. 2012년부터 승강제를 실시했고 그다음 해부터는 스플릿시스템을 도입함에 따라 감독들은 성적에 대단히 민감해졌다. 2012년 이후 중도에 물러난 감독은 19명이다. 프로의 세계는 냉정하다고 하지만 실패를 기다려주는 구단주는 거의 없는 듯하다. 감독뿐만 아니라 구단을 책임지고 있는 CEO나 단장 역시 성적이 좋지 않으면 자리가 위험하기는 마찬가지이다.

전남은 20년 동안 9대 사장과 8대 감독으로 꾸려졌는데, 평균재임기간이 각각 2년 정도로 격년제로 감독이나 사장이 바뀌게 된다. 이런 경우에는 성공이나 실패를 제대로 논할 시간조차도 부족하다. 부임 후 1년이 지나서 다음 해 바로 실적을 내기는 쉽지가 않다. 일반 기업의 임직원 대비 프로구단의 감독이나 임원들에게는 더 찬바람이 부는 느낌이다.

080
실전을 통해
인재를 양성하다

[인력개발을 추진하는 요소들]

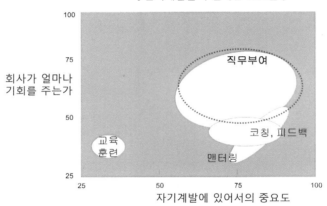

에드 마이클스 외 2인, 『인재전쟁』 세종서적, 2009, 164쪽

능력개발은 직무부여, 코칭피드백, 맨터링, 교육훈련 순으로 효과가 있다.

맥켄지 컨설팅이 '21세기 인재전쟁(The War for Talent)'에서 언급한 인재개발의 가장 중요한 방법은 바로 '직무부여'를 통해 직접 일을 시키는 것이다. 가상적인 훈련보다도 인력을 개발시키는 가장 적극적인 방법은 실제 일을 통해 배우는 것이다.

프로축구 선수들이 대표팀에 몇 번 다녀오면 경기력이 신장되는 경우가 많다. 대표팀 자체 경기에서 수준 높은 선수끼리 상호 학습을 하기도 하고 더 나아가서는 국가 간 경기에 참여하여 상이한 팀과 높은 기술을 가진 선수들을 상대함으로써 경기력을 증대시킬 수 있는 기회가 많아서 그럴 것이다.

나는 항상 연습을 실전처럼 할 것을 원한다. 연습에서 골을 넣지 못하는 선수는 실전에서 절대 넣지 못한다. 실전의 환경은 연습과는 달리 더 적극적인 수비활동이 이루어지기에 쉽게 기회를 잡을 수가 없다는 것이다. 또한 실전경기를 자주 경험해 보지 않은 선수를 선발로 내보내기를 원하지 않는다. 체력적으로나 정신적으로 실전을 많이 경험한 선수들과는 많은 차이가 나서 흐름을 망치는 경우가 많기 때문이다.

081
2년 차 징크스와
경쟁시장

http://img.cdnfootball.ytn.co.kr/news/images/2015082712565303/image_55c3234a37c1fdabf6b6a
bb8261537bb.jpg

2015년 8월 27일 〈인터풋볼〉 반진혁 기자의 기사로, (왼쪽부터) 전남 이종호, 포항 김승대, 수원 권창훈,
전북 이주용은 각 팀의 유스 출신으로 후배들에게 희망을 주기 위한 사명감으로 더 열심히 한다고 한다.
사명감이 2년 차 징크스를 탈출하는 좋은 계기가 될 수 있다는 생각을 했다.

2년 차 징크스를 소포모어 징크스(sophomore jinx)라고 하는데, 2년 차라는 sophomore와 jinx가 결합한 합성어로 첫 번째 결과물에 비해 두 번째 결과물이 흥행이나 완성도에서 부진한 현상을 가리키는 말이다.

프로축구단에 처음 입단한 신인 선수가 2년 차에 들어가면 전년보다 성적이 좋지 못한 2년 차 징크스가 생기는 경우가 있다. 그 원인으로 부상 발생, 심적 부담 등이 있지만, 가장 중요한 원인은 다른 팀과의 경기에서 상대가 전년 경기에서 얻은 정보를 가지고 대비한다는 것이다. 그래서 부단한 훈련과 새로운 기술을 연마하지 않으면 2년 차 징크스를 벗어나기가 쉽지 않다.

기업도 창업 이후 새로운 비전과 신제품으로 내부 조직과 시장을 선도하다가 어느 정도 지나서 조직이 커지고 안정화되고 나면 2년 차 징크스에 시달리게 된다. 의사결정이 늦어지고 시장에는 모방 제품이 나와서 시장질서를 교란시켜 매출이 줄어드는 현상이 일어난다. 경쟁의 관계에서는 2년 차 징크스가 어디에서든지 존재하기에 내부 혁신을 통해 위기를 탈출해야 할 것이다.

082
우승의 핵심변수는
사람이다

간략한 우승 공식을 만들어 보면 헌신Commitment과 균형Balance의 곱에 재능talent를 제곱한 것으로 나타낼 수 있다.

우승 공식 = (헌신×균형)^{재능}

이 $(C \times B)^t$ 공식은 여타 스포츠나 회사보다는 축구 업계에 좀 더 잘 들어맞을 것이다. 전직 축구 선수이자 FC 바르셀로나의 감독이었던 요한 크루이프는 축구란 '실수의 게임'이라고 말했다. 이는 경기 중에, 혹은 한 시즌을 치르면서 선수가 저지르는 '실수의 횟수'를 줄이는 게 우승의 관건이라는 뜻이다.

페란 소리아노, 『우연히 들어가는 공은 없다』 도서출판 잠, 2010, 145쪽

우승공식이 있다는 것을 보고 눈이 번쩍 뜨일 정도로 반가웠다. 특히 공식이라면 얼마나 좋아하는 우리인가! 수학공식은 물론 조선왕조 태정태세문단세, 원소주기율표 수헬리베비시노프네, 미래조동사 셀월월 월셀셀 등 모든 과목을 공식으로 만들어 공부한 저력이 있다. 우승공식의

첫째 변수는 '헌신'. 성공을 달성하려는 개인의 의지와 팀에 대한 열망.

둘째 변수는 '균형'. 팀이 승리하는데 선수들이 자신의 역할을 이해하고 제 몫을 다하는 것.

셋째 변수는 '재능'. 선수를 자체 육성하거나 외부에서 사 오는 두 가지 방법이 있다고 한다.

이 중에 가장 영향이 큰 것이 재능이다. 그래서 우승공식에서 재능이 승수효과를 발휘한다고 한다.

기업도 경쟁에서 이기기 위해서는 인재가 중요하다. 굳이 애플의 스티브 잡스를 예로 들지 않더라도 재능 있는 몇 명이 기업을 견인해 나가는 사례는 많다. 헌신과 균형이 재능 있는 사람에게서 나올 때 매우 좋은 결과를 가져온다는 것이 기업의 우승 공식이다. 역시 '인사人事가 만사萬事'이다.

083

축구도,
인생도 역전 가능하다

http://www.kleague.com/upload/Editor/_2015713202310.png

2015년 7월 12일. 대전 원정경기에서 후반 추가시간에 스테보 선수의 역전 결승골에 힘입어 3:2로 승리
했다.

새로운 조직의 수장이 되면 인사관리상 유의하게 보아야 할 것이 있다. 기존의 능력이 어느 정도 있는데 역할이 애매한 사람들이 눈에 띄는 경우이다. 축구에서 역전의 기쁨이 있듯이 이러한 사람들에게 역전의 기회를 준다면 견마지로犬馬之勞의 노력을 다할 것이다.

물론 전임자로부터 누적된 평가자료가 있기에 현재의 상황을 뒤집기는 어려운 경우가 많지만 여러 가지 이유에서 조직 속에 묻혀있는 인재를 발굴할 수가 있다.

개인의 경우에도 역전이 가능한 것이 인생이다. 앞으로 수명이 점점 길어지다 보면 언제 역전을 당할지는 아무도 예측할 수 없다. 그러한 역전을 허용하지 않기 위해, 아니면 역전을 하기 위해 평상시 부족한 부분을 열심히 채워나가야 한다.

인생에서 시작에서 웃는 것은 '교만驕慢', 중간에서 웃는 것은 '자만自慢', 마지막에 웃는 것은 '충만充滿'이라 했다. 우리 모두 주심의 휘슬 소리가 들릴 때까지 자기 본연의 역할을 다해야 충만한 기쁨을 누릴 수 있을 것이다.

084
영원하지 않은
FA

자유게시판
전남드래곤즈 팬 여러분들의 공간입니다.

구분	제목	작성자	등록일	조회수
notice	2014 전남 드래곤즈 선수 명단 + 배번 확정 N	운영자	2014-01-08	612
notice	2013 순천/여수 셔틀버스 노선 안내	운영자	2013-02-19	13390
10222	영영 갓세연사랑님 날가져요 ㅜㅜ 스테보까지 ㅋ... [1]	정현필	2014-01-06	423
10221	영입 알차게하네요! [2]	임민혁	2014-01-05	466
10220	오피셜 [1]	김우열	2014-01-05	392
10219	현영민 만세 ㅋㅋㅋㅋㅋㅋ 이종덕님께 찬사를 [2]	정현필	2014-01-04	542
10218	벌써 창단 20주년인가요?? [4]	이홍영	2014-01-02	448
10217	20주년 기념으로 무엇을 준비 중이신지? [2]	고선일	2014-01-01	471
10216	아직 오피셜안떴네요? [3]	임민혁	2013-12-31	510
10215	하석주감독님 FA자격을 얻은 성남FC 현영민(... [5]	이종덕	2013-12-25	915
10214	U-22 축구대표팀 23명 최종 확정 [1]	이종덕	2013-12-24	432
10213	임중은 서울행 루머 ㅡㅡ [1]	정현필	2013-12-19	744

« ‹ 1 2 3 4 5 6 7 8 9 10 › »

전남 홈페이지 자유게시판이다. 연말연시에는 다음 시즌에 대한 기대감으로 FA선수 영입과 관련된 내용이 자주 게시되는 편이다.

FA(자유계약선수, free agent)제도는 어느 팀에 입단한 선수가 정해진 계약기간이 지나면 다른 팀으로 자유로이 이적할 수 있게 만든 제도로, 자유계약선수가 되면 모든 구단과 선수계약을 체결할 수 있는 권리를 가지게 된다.

FA제도는 선수들의 몸값을 시장기능에 맡김으로써 수요와 공급에 따라 가격을 결정하는 좋은 제도이지만 언젠가는 FA가 되어 시장에 나와도 수요 자체가 없는 날이 온다. 새로운 선수들이 시장에 매년 나오는 반면, 나이가 들거나 부상 등으로 인해 실력이 저하되어 아무도 찾지 않는다. FA의 달콤함에 취해 있다 보면 갑자기 허무함을 느낄 수도 있다. '박수 칠 때 떠나라.'는 말이 있듯이 미리미리 준비해야 한다.

기업에서 일하는 모든 사람들도 자기의 가치를 알고 있어야 한다. 한참 잘 나갈 때는 여기저기 헤드헌터사에서 조회도 오지만, 어느 날부터 연락이 오지 않는다. FA시장에서 더 이상 나를 필요로 하는 수요자가 없다는 것이다. 이럴 때는 현재의 조직에 충성을 다하면서 더 열심히 근무하는 것이 최선의 방법이다. 그리고 조용히 은퇴를 준비해야 한다.

085
18명의
엔트리

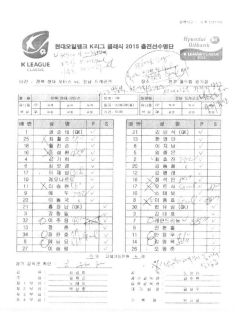

2015년 6월 28일 전북 원정경기 출전선수명단(엔트리)에 필자가 메모한 내용이다.

펠레는 "축구는 스타가 아닌 팀이 하는 것이다."라고 했다. 개개인의 능력도 중요하지만 팀에 녹아들어 팀 승리에 기여할 수 있는 선수를 엔트리에 넣어야 한다. 각 구단의 스쿼드는 30명에서 40명 수준이다. 이 중에서 감독 결정으로 18명의 엔트리가 결정되고 엔트리 중 11명이 선발출전을 하게 된다. 아마 감독의 가장 큰 고민 중 하나가 경기 전날 엔트리를 확정하는 것이다.

그러나 여기에서 문제는 30~40명의 선수능력이 전부 동일하지 않고 선수별 주된 능력이 다르다는 것이다. 그리고 전날 컨디션이 좋아 보이는 선수가 과연 경기 당일에도 동일한 상태를 유지한다는 보장도 없다.

기업에서도 특별한 일을 하기 위해서 팀을 구성하는 경우가 있다. 특별한 능력을 우선하여 인원을 채우는 방법과 팀의 구성목적에 맞도록 협업이 잘되는 사람들을 우선으로 선발하는 방법이다. 그러기 위해서는 리더는 부하들의 능력과 특성을 정확히 파악해야 한다. 뛸 수 있다는 선수의 말을 100% 믿는다면 엔트리는 잘못 구성될 수도 있다. 감독의 객관적인 판단이 가장 중요한 순간이다.

086
프로축구단
종사자의 비애

http://3dbgy741v9lb3pohku1a21j64j9.wpengine.netdna-cdn.com/wp-content/uploads/2015/01/
young-adult-old.jpg

시간, 돈, 건강에 대한 균형을 연령층별로 표시한 것에 공감이 간다.

휴일과 휴가는 직원들의 건전한 노동력 유지에 대단히 중요한 요소이다. 프로축구는 대부분 주말이나 휴일에 경기가 진행되어 남들이 대부분 쉬는 날 직원들은 모두 나와서 일을 해야 한다. 나는 축구단과 같은 서비스업에 종사하는 직원들의 비애를 알기에 휴일이나 휴가 시간을 잘 활용하라고 강조한다.

사람들은 일하는 시간과 쉬는 시간은 같은 가치를 지니고 있다는 사실을 쉽게 망각한다. 일하는 시간이라서 귀하게 사용을 하고, 쉬는 시간이라서 대충 써도 되는 것이 아니다. 일하는 시간이 경제적 효용이 있다면 쉬는 시간은 정신적 효용이 있다. 어떻게 쉬었는가에 따라서 다음 날 일하는 효율이 달라질 수 있다.

제대로 휴식을 취하지 못한 사람 중 일부는 시간이 없어서, 돈이 없어서, 체력적으로 힘들어서 등의 이유를 말하기도 하지만, 시간, 돈, 건강이라는 삼박자가 완벽한 시기는 우리 인생에서 거의 없다. 나는 업무 일정을 잘 관리하는 임직원의 휴가신청에 대해서는 사유를 묻지 않는다.

087
축구선수도
강소상인처럼

〈중앙일보〉 2013년 12월 30일자 B1면

축구선수들은 축구단에 속해 있는 직원이 아니고 개인사업자로 등록되어 있다. 세법으로 구분하면 축구선수는 근로소득세를 내는 대상이 아니라 사업소득세를 내는 1인 사업자이다.

'강소상인' 즉, 강하고 작은 규모의 사업의 대표적인 것이 바로 축구선수라는 생각이 들었다.

강소상인들이 성공하기 위한 키워드 다섯 가지를 축구선수들의 상황에 맞추어 보았다. 선수들도 이러한 마음자세를 가지고 생활한다면, 그들이 좀 더 많은 사업소득세를 납부하여 국가재정에 기여할 것이라는 생각을 했다.

- 명확한 목표: 축구 그 자체에 목표를 두라. 다른 것에 신경 쓸 일을 스스로 만들지 마라.
- 기본에 충실: 축구를 하게 된 초심을 잃지 마라. 팀에 녹아나는 선수가 되어라.
- 틈새에 기회: 출전의 기회가 올 것을 대비하여 항상 준비된 몸을 만들어라.
- 차별화 승부: 남들보다 뛰어난 기술을 한 가지 이상 가지도록 지속적으로 연습하라.
- 치열한 열정: 축구는 전쟁과 같다. 열정이 없는 사람은 90분을 버티지 못한다.

088
다음 경기는
항상 더 어렵다

2015년 9월 23일 〈스포츠동아〉 기사를 인용했다. 스포츠토토 승무패 예상에서 승률이 전남 21.4%, 수원 43.8%로 중간 집계되었다. 이전 9월 19일 경기에서는 울산 51.2%, 전남 17.2%로 승리를 예상했다. 12개 팀 중 7위인 전남의 입장에서는 어느 한 경기도 쉬운 경기가 없다.

고등학교 시절에는 대학에 진학하면 지긋지긋한 공부에서 해방되어 자유를 만끽할 것 같았다. 그러나 막상 대학에서는 자격증, 영어회화 등 스펙 갖추기와 취업 준비로 고교 시절보다 더 스트레스를 받은 것 같다. 군대에서는 군대생활이 제일 어려운 줄 알았지만 사회생활의 복잡성은 군대생활 이상으로 더 어렵다는 것을 인생을 경험하면서 알았다.

세상일이란 것이 현재의 상황이 가장 어려운 것 같지만 다음에 도래하는 일들 역시 쉽지가 않다. 축구도 다음 경기를 고려해서 전략을 짠다고 하지만 다음 경기라고 만만하게 볼 경기는 하나도 없다. 그래서 매 경기마다 생의 마지막 경기라는 생각으로 최선을 다해야 한다고 말해 주고 싶다.

기업에서도 큰 프로젝트가 끝이 나면 일이 없는 것이 아니다. '붉은 여왕효과(Red Queen effect)'처럼 세상이 너무나 빠르게 변하고 있기에 정체된 상태에서의 경쟁력은 얼마 가지 못한다. 그래서 일은 끊임없이 생성되고 오늘보다 앞으로의 일들이 더 어려운 것이다.

089
윤리는 스포츠와
기업을 구분하지 않는다

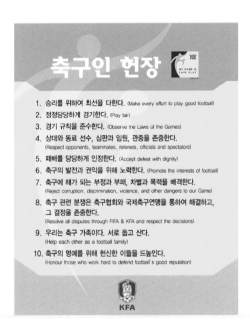

http://www.kfa.or.kr/info/kfa_articles.asp

축구인 헌장은 축구와 관련된 모든 이해당사자들이 기본적으로 지켜야 할 윤리사항을 담고 있다.

위대한 유대학자 힐렐(B.C. 30?~A.D. 10)이 유대교의 본질인 '황금률 (The Golden Rule)'을 "남들이 너희에게 해 주길 바라는 대로 남들에게 행하라. 그들의 입장에서 너희가 대접받길 원하는 대로 남들을 대접하라."고 이야기했다.

남들이 나에게 해 주기를 바라는 것 중 중요한 하나는 공정하게 대해 주는 것이다. 특히 축구경기의 이해당사자들은 모든 경기운영이 공정하게 운영되기를 모두가 희망할 것이다. 경제학에서 완전경쟁시장을 가정하듯이, 경기가 완벽하게 공정한 것이라면 의도된 불미스러움이 하나도 나오지 않아야 한다. 이러한 경기를 추구하는 것이 바로 스포츠 윤리이다.

선수들은 자기 몸을 중요하게 여기듯 상대 선수를 배려하고, 심판은 자기 자식이 소속된 팀이 불공정한 판정으로 지는 것을 바라지 않듯이 객관적인 판정을 하고, 스포츠토토에서 사적 이득을 취하기 위해서 불법적인 행위에 가담하지 않아야 한다. 윤리는 너무나 당연하다고 생각하지만 실제 비윤리적인 모든 것의 시발점은 사소한 것이나 가까운 사람으로부터 시작됨을 유의해야 한다.

090
모든 답은
현장에 있다

2015년 10월 14일 FA컵 4강전을 관전하는 모습. 왼쪽부터 울리 슈틸리케 국가대표감독, 필자, 정몽규
대한축구협회장, 유정복 인천시장, 정의석 인천유나이티드단장

구단 책임자는 가급적 경기를 직접 관전해야 한다. 만약 경기를 직접 보지 않는다면 축구단 운영에 관한 논의에서 이해가 가지 않는 부분이 발생한다. 매주 벌어지는 경기는 현물시장과 같은 생생함이 있다. 이를 피부로 느껴야 의사결정에 필요한 '직관'이 생기는 것이다. 경기뿐만 아니라 연습훈련장, 클럽하우스에 관심을 가지고 둘러보고 경우에 따라서는 선수단 식당에서 선수들과 같이 식사도 해 보아야 한다.

사람들은 CEO는 전략적이고 장기적이며 미래지향적인 거시적인 일을 주로 하는 것으로 생각하지만, 실은 아주 섬세한 측면도 고려해야 한다. 이병철 전 삼성회장은 "경영이라고 하면 큰 것을 다스리는 것처럼 보이지만 결과는 언제나 작은 정성과 관심이 모여서 이룩되는 것이다."라고 '경영의 요체'를 말한 적이 있다.

현장은

계획이 제대로 실행되는지를 확인하는 장소이고,
세부적인 것을 배우는 학습의 장소이며,
조직구성원들과의 소통의 장이기에

CEO로서는 매우 중요한 곳이다.

091
안전기원제 대신
기와불사를 하다

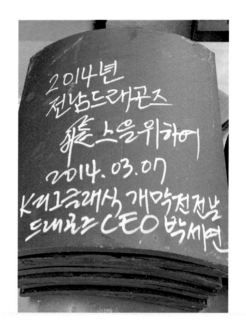

2014년 3월 7일. 시즌 개막전을 하루 앞두고 여수시 돌산읍 소재 향일암에서 올해 좋은 성적을 기원하는 기와불사를 했다.

전남은 2013년 K리그에서 10위를 했다. 그해 8월에 보임을 했으나 시즌이 진행 중이어서 어떻게 손을 쓸 방도가 없었다. 처방을 하고 수술한다고 해도 이미 병세는 악화될 대로 악화되었다. 2부 챌린지리그로 밀려나지 않은 것만으로도 다행이라는 생각이 들었다. 그리고 클래식리그의 피 말리는 스플릿 경기 속에서 정신적으로도 스트레스를 상당히 받았다.

2014년 새해부터 추진된 리빌딩 작업 결과를 개막전부터 지켜보아야 하는 흥분된 심정에 개막 하루 전날은 마음이 안정되지 않아서 조용히 직원들도 모르게 사무실을 빠져나왔다. 그리고 여수 향일암으로 직접 차를 몰았다.

작년에 받았던 심적 고통이 있기에 그것을 줄여보자고 연약한 인간이 절대자에게 의존하는 것이 결코 나쁜 일은 아닐 것이라는 생각이 들었다. 연초에 안전기원제를 지내는 기관이나 기업체의 임직원의 심정과 다를 바가 없었다. 사실 나는 무신론자이지만 전남이 2014년에는 비상할 수 있도록 기와불사를 했다.

제5장 축구에서 경영을 읽는다

092
김병지 선수에게
배우다

2013년 10월 2일. 김병지 선수가 순천대 초청으로 '자기관리 학습법'이란 주제로 강의를 하고 있다.

김병지 선수는 리그 중 시간이 허락하면 외부 초청강의를 나간다. 외부강의는 구단 마케팅 차원에서도 상당한 효과가 있다. 나는 김병지 선수의 강의를 직접 들은 적은 없지만, 순천대 초청강의에서 사용한 그의 강의 슬라이드에 적힌 자기관리 키워드 일곱 가지를 보면서 그가 롱런할 수 있는 이유를 나름대로 해석해 보았다.

1. 꽁지머리: 본인만의 이미지로 상품성
2. 골 넣는 골키퍼: 남들이 하지 않는 영역 도전
3. 레전드: 나이는 숫자에 불과
4. 700경기: 강인한 목표의식
5. 25년간 술, 담배 안 하기: 유혹 뿌리치기
6. 몸무게 78㎏ 유지: 끊임없는 자기관리
7. 내 뒤에 공은 없다: '김병지=골키퍼' 좌우명

출전 시마다 모든 기록을 갱신하고 있는 그는 "바람이 불면 바람이 부는 대로, 비가 오면 비가 오는 대로 그냥 하면 된다. 걱정하지 않는다."고 말하면서 긍정마인드의 중요성을 강조한다. 기업의 리더들도 '긍정의 힘'이 조직효과성에 중요한 영향을 미친다는 것을 김병지 선수의 사례를 통해 다시 한 번 생각해 볼 수 있기를 바란다.

093
소통 1
스피드가 경쟁력이다

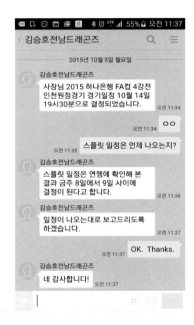

경미한 업무보고는 대부분 스마트폰을 이용한다. 빠르기도 하고 직원들과 가까워질 수 있는 기회가 많아져서 좋다.

『동의보감』에 '통즉불통通卽不痛, 불통즉통不通卽痛'이란 말이 있다. 통하면 병이 나지 않고 통하지 않으면 병이 생긴다는 뜻이다. 조직도 법인法人이라는 인격체이기에 소통이 잘 되면 일이 잘 풀리고 소통이 안 되면 문제가 발생한다. 소통이 되지 않아 생긴 소소한 문제가 불통이 되어 그에 따른 비용이 증가한다는 것이다.

소통의 효율을 증대시키기 위해서는 조직계층을 줄이고 소통방법을 개선하여 스피드를 증가시켜야 한다. 소통이 되지 않아 때를 놓치면 일이 제대로 된다 한들 아무 소용이 없다. 특히 스포츠구단은 실시간 생성되는 뉴스가 외부적으로 상당한 영향을 미친다는 것은 주지의 사실이다.

조직의 계층이 많아지면 격식이나 예의를 갖추는 것은 물론 커뮤니케이션 채널 수가 많아져서 혼선이 발생한다. 즉 의사전달 시간도 더 걸리고 누락이나 왜곡 현상이 발생한다. 전남의 리빌딩 과정에서 조직계층을 단축시킨 것도 이러한 이유였다. 아울러 소통의 방법도 아날로그적인 방법을 탈피하여 모든 업무는 컴퓨터를 통해 처리하고 진행되는 경과보고는 스마트폰을 사용하도록 했다.

우리가 의사소통에 있어 병목현상이 있다고 할 때, 병목은 병의 상부에 위치하는 것으로, 조직의 상위계층에서 소통의 시발점이 되어야 한다는 것을 의미한다.

제5장 축구에서 경영을 읽는다

094
소통 2
실패를 두려워하지 말라

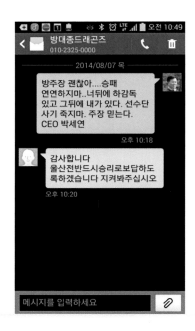

3연패 한 팀의 주장과 직접 대화를 나누면 어떠한 미사여구도 부담스러울 것이다. 그런 점에서 스마트폰 메시지 기능은 너무 요긴하다.

전남은 2014년 7월 23일 제주유나이티드에게 2:0, 8월 3일 전북현대에게 2:0, 8월 6일 인천유나이티드에게 2:1로 연속 3연패를 당했다. 선수단 사기가 엉망이라고 생각되어 주장에게 너무 걱정하지 말라는 메시지를 보냈다. 8월 9일 있을 울산전에서 반드시 승리로 보답하겠다는 주장의 답신이 있었지만 결국 1:0으로 패배하여 충격의 4연패를 당했다.

나는 그러한 상황에서 내 마음을 절대 드러낼 수가 없었다. 나는 전남의 마지막 역할을 담당하는 사람이기 때문이었다. 선수뿐만 아니라 감독의 스트레스가 더 클 것이라는 생각에 초심에서 다시 시작하자고 감독에게 메시지를 넣었다. 그리고 마침내 8월 17일 수원과의 경기에서 3:1로 승리하여 4연패의 늪에서 벗어났다.

경기에 지면 마음이 너무 아프지만 CEO는 표현하지 못할 뿐이다. 외형적으로는 팬들과 서포터즈, 선수들 자신, 감독 및 코치들의 마음이 아플 것으로 생각한다. 그래서 축구단 CEO는 고독하다.

095
소통 3
외국인 선수의 투혼

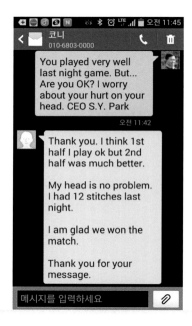

필자가 구사하는 영어의 단점이 미국 사람들이 잘 이해하지 못한다는 것인데, 코니 선수는 호주 사람이라서 이해가 되었나 보다. (웃음)

2014년 7월 9일 경남과의 홈경기에서 코니 선수가 상대 선수와의 헤딩경합에서 머리가 찢어지는 부상을 당했다. 경기는 3:1로 이겼다. 붕대를 감고 끝까지 뛴 그의 투혼이 놀라워서 저녁에 메시지를 보냈다.

다친 것이 괜찮은지를 묻는 질문에, 전반보다 후반에 경기를 더 잘했다는 내용과 머리에 12바늘 꿰매었으나 별 문제가 없고 경기에 이겨서 좋다는 답변이 왔다. 나는 승리수당을 더 주는 것보다 이 문자 메시지가 오히려 더 큰 동기부여가 될 것이라는 생각이 들었다. 문자를 읽다 보니 나는 '게임'으로 표현했는데 코니는 '매치'라는 표현을 썼다. 중학교 입학 이후로 반세기 동안 영어를 써 왔지만 아직도 정확하지 못한 표현에 혼자서 허허 웃었다.

참고로 이 두 단어를 어학사전에서 찾아보았다.

A game is an activity or sport usually involving skill, knowledge, or chance, in which you follow fixed rules and try to win against an opponent or to solve a puzzle.

A match is an organized game of foot ball, tennis, cricket, or some other sport.

096

소통 4
한 분의 팬도 소중하다

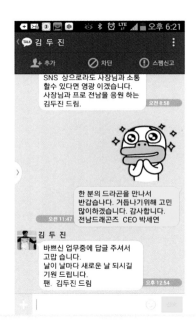

김두진 님은 전남에 애정이 많으신 팬으로 느껴졌다.

앞서 언급한 바 있지만, 축구에서 팬이라는 공동체와 지속적인 애정은 인위적으로 유지되는 것이 아니고 팬 그 자체이다. 진정한 팬들은 일희일비를 하지 않고 지속적으로 관심과 애정을 보내준다. 그래서 한 분의 소중한 팬이 주신 의견에 대해 항상 감사하게 생각하고 고민한다.

개별적으로 의견을 제시하는 분들도 있고, 근자에는 홈페이지 자유게시판을 통해 격려와 질타를 해 주시는 분들이 많다. 간혹 너무 격한 의견을 주셔서 당황스럽기도 하지만, 일상에서 생각하지 못한 착안사항을 알려주는 분들도 있다.

팬들과의 소통을 하다 보면 팬들은 궁금한 점을 경영자가 상세히 설명해 주기를 바라지만 실상은 그러하지 못하다는 데서 항상 딜레마가 있다. 시기적으로나 정황상 답변을 못 드리는 경우가 많아 송구한 마음을 가질 뿐이다. 그러나 구단으로서는 최선을 다해서 객관적인 의견을 주고자 노력을 기울이고 있다는 사실을 이 기회를 빌려 말하고 싶다.

097
리빌딩추진 2년의 결과가
궁금하다

전남드래곤즈 현황 추이

	구분	2012년	2013년	2014년	2015년 10월
프로축구팀	K리그 순위	11위 / 16개팀	10위 / 14개팀	7위 / 12개팀	8위 / 12개팀
	FA컵 성적	16강	16강	32강	4강
	홈경기 승율	47.7%	44.7%	60.6%	61.8%
	홈경기 평균관중	3,034명	2,278명	3,365명	5,126명
	연령별 국가대표	7명	8명	11명	18명
유소년축구팀	전국 대회 성적 (우승, 준우승) — 초등학교		· 화랑대기 저학년 우승 · 화랑대기 고학년 준우승	· 화랑대기 저학년 준우승	· 칠십리배 저학년 우승 · 화랑대기 고학년 준우승
	중학교	· 추계연맹 고학년 우승 · 추계연맹 저학년 우승 · 춘계연맹 고학년 준우승	· 춘계연맹 저학년 우승	· 춘계연맹 저학년 우승 · 추계연맹 저학년 준우승	· 춘계연맹 저학년 우승 · 소년체전 준우승
	고등학교			· 백운기 우승	· 백운기 우승 · U-18챔피언십 우승 · 왕중왕전 전기 준우승
	언론 노출빈도	13,114건	16,398건	23,245건	35,031건

2015년 10월 K리그 순위는 38라운드 중 33라운드 경기성적이다. 이 책의 원고를 마무리할 시점인 23 라운드까지 3위를 유지했던 전남은 이후 10경기에서 5무 5패를 하면서 8위로 하락했고, 이와 관련하여 경기를 치를 때마다 원고 일부를 조정하느라고 애를 많이 먹었다.

모든 수험생들은 시험을 치고 나면 결과가 궁금하여 채점결과가 나올 때까지 마음을 졸이게 되는 것이 인지상정이다. 마찬가지로 리빌딩을 열심히 추진한 결과가 어떻게 나왔는지에 대해서 나 역시도 상당히 궁금했다. 리빌딩 추진계획상의 12가지 사업과 현업의 문제점을 지속적으로 개선한 결과가 즉시 성과나 성적에 반영되는 것이 아니고 상호 복합적으로 작용하는 것이 많이 있기 때문이다.

우선 성적 측면에서는 매년 하위리그 추락을 걱정하지 않을 정도로 안정적인 중위권 수준을 유지하게 되었다. 또한 FA컵 성적도 2015년에 4강 진출이라는 성적을 거두었다.

리빌딩 당시 VOC(voice of customer)인 홈경기 승률도 15% 이상 증대되었고, 홈경기 평균 관중도 2배 수준으로 증가했다.

유소년팀의 경우 2년간 집중 관리한 결과 연령별 국가대표 인원도 2배 이상 증가했고, 특히 광양제철고등학교의 전국대회 우승 3회 등 성적이 좋아져서 프로구단으로서는 바람직한 성과를 이루었다.

마지막으로 언론노출 빈도가 2배 이상 향상된 것은 그동안 홍보활동에 대한 적극적인 푸시(push)전략도 있었지만, 전남의 모든 활동과 경기력이 K리그 이슈의 중심에 서는 경우가 많았다는 뜻이다.

2015년 10월 14일 FA컵 4강전에서 슈틸리케 국가대표감독을 만났다. 슈틸리케 감독은 최근 한국 축구를 찬사와 환호, 감동의 분위기로 만들었다. 일간스포츠 최용재 기자의 말을 인용하면, 코치진과 축구협회지원팀장들이 슈틸리케 감독에 대한 매력을 소통, 배려, 성실, 공정, 희망의 다섯 가지 키워드로 압축했다고 한다. 이 다섯 가지 키워드는 축구팀을 맡고 있는 일선 지도자는 물론 모든 기업조직의 리더들도 다시 한 번 생각을 가다듬게 한다.

에필로그

전문가가 보면 너무 상식적이고 뻔한 이야기를 쓴 것이라고 질타할 수도 있지만 일곱 번째 책을 내게 되어 정말 행복하다.

연세대 심리학과 서은국 교수는 포스코 토요학습에서 '사람은 언제 가장 행복한가'에 대해 세 가지 이야기를 했다.

첫째. 개인적인 목표를 성취할 때

둘째. 남에게 성과를 인정 받을 때

셋째. 지식을 축적할 때

원고를 탈고하면서 책 한 권을 발간한다는 개인적인 목표를 성취하고, 남에게 책이라는 성과물을 보여준다는 사실, 그리고 책을 쓰기 위해 지식을 보태고 집약하는 과정 즉, 세 가지 행복을 동시에 느낄 수 있었다.

이 책을 쓰면서 사실 고민이 많았다. 리빌딩을 추진했는데 리그에서 성적을 제대로 내지 못한다면 결과가 고작 이것이냐는 비아냥거림이 뒤따를 것이라는 생각이 들었기 때문이다. 사실 근자에 실패를 장려해야 한다는 이야기도 있지만, 성적이 확연히 드러나는 프로축구단의 현실은 리빌딩 자체보다는 성적향상이라는 결과가 더 중요할 수도 있기 때문이다. 그러나 나는 구원투수 경험이 몇 번 있었기에, 전남의 리빌딩을 추진하면서 반드시 성공하리라는 확신을 가졌다.

리빌딩은 했지만 앞으로의 전남이 갈 길은 쉽지가 않다. 모기업에 의존하는 온실 속 '화초경영'은 끝나고 변화무쌍한 환경에 적응하는 '야생화경영'이 요구되는 시점이다. 유필화 교수는 「사장일기」라는 제목으로 CEO의 심정을 시로 적은 적이 있다. 그중 한 소절이 앞으로 전남이 가야 할 길이라는 생각이 들어 전남에 맞게 해석을 해 보았다.

하늘이 무너져도 땅이 꺼져도
회사는(전남은) 굴러가야 한다.
경기가 아무리 나빠도
고객이 아무리 까다로워도
경쟁사가(경쟁팀이) 어떻게 나와도
나는 이익을 내야(나는 승리를 해야) 한다.

축구蹴球에서 경영을 읽는다

내가 책을 쓰는 이유 중 하나는 잊기 위함이다. 몇 년간 모은 자료를 정리하고 나면, 그 자료들을 없애버려도 책은 남아 있다. 한동안 지저분했던 서재를 정리할 수 있어서 좋다. 다니엘 드 포우는 59세에 『로빈슨 크루소』를 썼고, 칸트는 57세에 『순수 이성비판』을 발표했다고 한다. 그에 비견할 바는 아니지만, 비슷한 나이에 또 한 권의 책을 마무리하고 나의 이력서에 한 줄을 추가할 수 있게 된 것을 기쁘게 생각한다.

원고를 탈고하면서 무리했는지 잇몸이 솟구치는 바람에 서너 번 치과에 다녀왔다. 지난번 책을 낼 때도 동일한 증상에 고통스러워 다시는 책을 쓰지 않으리라 속으로 다짐을 했지만 똑같은 우를 다시 범했다.
그동안 원고 작성을 위해 1년 정도 휴일에 혼자만의 시간을 가졌다. 이로 인해 아내에게 항상 미안하다. 이 모든 것을 아우르기 위해 나의 영원한 연인 '순득'과 일상 탈출을 위한 여행계획을 짜야겠다.